天下文化
BELIEVE IN READING

九十自述

管理大師韓第
活出長壽與知足的生命感悟

Charles Handy

The View From Ninety

Reflections on How to Live a Long, Contented Life

查爾斯・韓第──著
廖月娟──譯

獻給麗茲，

她對我寄予厚望，但從未明說她期望的是什麼。

輯三——工作生活

輯五——生與死

編者附言

當代著名的英國思想家查爾斯・韓第（Charles Handy，一九三二—二〇二四）著述豐富。天下文化曾先後出版過他的十二本著作，經過嚴格的挑選，將五本著作合成「韓第專輯」，呈現出二十年來他思考的軌跡。

一、《覺醒的年代》（一九九四）
二、《大象與跳蚤》（二〇〇二）
三、《你拿什麼定義自己》（二〇〇六）
四、《第二曲線》（二〇一五）
五、《你是誰，比你做什麼更重要》（二〇二〇）

同時推出他的遺作：《九十自述》（於二〇二四年十二月過世），減少讀者遺珠之憾，並邀請與他相知甚深的高希均教授主筆導讀。

總導讀

英國思想大師韓第思潮的縮影——展開「閱讀韓第」心靈之旅

威斯康辛大學榮譽教授　高希均

（一）英格蘭小鎮的田園景色

「從我寫作的房間可以遠眺英格蘭東部的田野與森林。這真是抒情詩一般的田園景致，只等待後代如康斯塔伯（John Constable，英國畫家）般的畫家用油彩把它捕捉下來。看著古老的照片，你會覺得眼前的景色跟一百年前一模一樣，有些事物是不會變的。」

是這段話的引誘，使我要去探訪這個景色。二十二年前的九月下旬，從倫敦坐火車出發，一個半小時後，到達了這座田園之美的小鎮諾福克（Norfolk）。迎接我的，就是主人韓第（Charles and Elizabeth Handy）夫婦。

坐在那一大片落地窗的書房中，望著窗外那無邊的田野與綿延的森林，那是一種人生的美；討論著伊拉克的砲火與落後地區的貧窮，那是一種現實的痛。韓第不是一個悲觀主義者，他以歐盟為例，指出「經濟繁榮代替了戰爭夢魘」。他驕傲的說：「我不只是愛爾蘭人、英國人，我是歐洲人。」

韓第先生親自下廚，豐盛的午餐後，夫人端出她調製的愛爾蘭咖啡，話題轉到他的寫作計畫，他走近書桌，拿出一疊稿件，微笑的給我：「這是我不久前為BBC每週一次所播講的手稿，尚未出版過。它們是討論當前世界上十三位重要的管理大師。如果你覺得合適，可以譯成中文出版。」

這樣的驚喜，是他送給「天下文化」以及華文世界讀者最珍貴的禮物。一年後以《大師論大師》在台北首印出版。

（二）韓第比政府更能改變世界

他近二十本著作、《哈佛商業評論》的文章、BBC的廣播評論、重要的主題演講，使他贏得了大西洋兩岸的讚賞。他曾在二〇〇二年十一月應「天下文化」及「遠見」之邀專程來台演講，引起了熱烈的迴響。他應邀時，有個私人協定：「只能選用他妻子拍攝的照片」。

學術界與媒體常用各種稱呼表達對他的尊敬：「企業思想家」、「出色的教授」、「真正內行的專家」，還有人尊稱他是「英國的國寶」。我猜想他歡喜被稱為「社會哲學家」或「組織行為專家」。

對他的最大讚賞應當是：「在現實生活中，韓第比政府更能改變這個世界。」

韓第的一生充滿了豐富的經歷：愛爾蘭都柏林牧師家庭的童年、牛津攻讀，進入在新加坡的皇家殼牌石油公司，期間又去美國MIT讀管理，嚮往大企業（亦即大象）所提供的安定與舒適，曾在倫敦商學院任教，最後終在四十九歲，下定決心脫離大象，做一個獨立工作者（亦即跳蚤）。

面對網路世界，英國《經濟學人》列舉了十項「管理要領」：速度、人才、開放、合作、紀律、溝通良好、內容管理、關注客戶、知識管理、以身作則。

韓第激動的說：「這不正是我過去三十年來一再強調的嗎？」知道這些不難，要徹底執行就不容易。

（三）「財富正義」密不可分

晚年的著述是揉合了市場經濟、企業文化與人道觀點，低聲的在提倡營利，大聲的在鼓吹對人的尊重。從他那典雅與親切的文字中，浮現出的是一位溫和、理性、熱情、博愛的愛爾蘭理想主義者，而非冷漠自負的倫敦紳士。近年來他一直在探討：什麼樣的工作方式與生活方式是最適合二十一世紀的社會？

近年的著述中，他又提出了值得大家深思的論點：

（1）提升關懷的文化：不能只顧一己之私，要愛人如己。
（2）共擁一套道德標準：沒有這樣的道德標準做後盾，法律很難有效執行。
（3）改變世界：以各種方式來詮釋這個世界是不夠的，必須在實質上大家共同努力來改變它。
（4）按自己認為正確的方式生活，然後快樂的活著。
（5）終身學習，變中求好。

二〇〇二年五月韓第先生在道賀「天下文化」二十週年的文章中指出：美國九一一悲劇後，使他更相信：「商業的本質不只是商業……，企業要獲得民眾的尊敬，民眾要知道企業不只是在為自己奮鬥，也在為社會努力。如果不能達到這樣的境界，資本主義必然會喪失人們的信心，走向失敗之途。」（全文參見《遠見雜誌》二〇〇二年六月一日，頁四十四—四十六）。韓第在西方社會一生的體驗再度說明：個人的自由與獨立，是與財富的分享與社會正義密不可分。

（四）值得細讀再讀的生命之書

在韓第七十多年的職業生涯中，曾是經理人、作家、慈善家與哲學家。即使在快九十歲時中風，也無法削弱他對知識的渴望與對生命的熱情。二〇二四年十二月，韓第在倫敦辭世，享耆壽九十二歲，留下尚未出版的著作，就是天下文化此刻要出版的《九十自述》。

在這本書中，他集結個人的生命經驗、對世事的獨到觀察，以及從他人身上學來的智慧，闡述如何過上充實與滿足人生的原則，並指出實踐這些原則的具體方法。他用這本書回望人生，沉靜、坦然，卻依然睿智如初。這是韓第給我們的最後禮物，也是值得細讀再讀的生命之書。

「天下文化」四十多年來出版了四千餘種書，特別挑選組合了韓第的六本著作，就是希望全球華文讀者能夠揉合東西方思維，在當前地緣政治緊張，全球化受到挫折與質疑聲中，冷靜的思考一種前瞻、樂觀、合作、正義的理念。

誠品創辦人吳清友對韓第有深刻的評述。「韓第大多論及know why，而少談know how。我有次與童子賢先生閒談，他說他發現許多最高決策往往不是商業決策，而是哲學議題。」

吳清友先生在推薦經典書籍時常寫著：

我在青壯年正想鵬程萬里的時候讀，
我在經營誠品虧損不堪的年代讀，
我也在病痛苦悶的時光中讀，
閱讀是永恆的，閱讀是私密的，
是不同生命情境時刻的心靈知音。

那麼我們就鬧中取靜，至少要保留一些時間，擺脫手機，展開「閱讀韓第」的心靈之旅。

韓第在西方社會一生的體驗使他相信：個人的自由與獨立，要與財富的分享、社會的正義相互平衡。

韓第不僅是管理大師，更是東西方傳統思維的解放者，追求人類和諧相處的人道主義者。

自序

一早醒來，時雨時晴。你也許會說，這是一切如常的一天。但對我來說的確不尋常，因為照理說我已經不在人世。幾年前我中風，雖然撿回一條命，但醫生說，在接下來的兩年內要是再度中風，可能就沒命了。因此，早晨醒來，睜開眼睛，發現自己還活著，實是驚喜。我如釋重負，心想：「還沒輪到我吧。」

但從統計數字來看，我應該已經死了。也許很多人也跟我一樣行將就木。不管如何，有些人就像我，已來到遲暮之年。我已經九十多歲了，雖然因為中風行動不便，但還是熱情擁抱人生，迫不及待的享受生活：也許還有點太過頭了。

雖然我如聖經所說，行過死蔭的幽谷，但我仍然有很多時間沉思並回顧我這一生。總的來說，我已經心滿意足。有些事情我本來該做但沒做，只有少數幾件事我不該做，我卻做了。為此，我向相關的人道歉，也原諒自己犯下的錯。

雖然我在寫作方面算是小有成就，但最讓我引以為傲的還是我的家人，我兒子和我女兒。雖然我在孩子教養方面投注的心力少得可憐，不知怎的，他們還是成為優秀、正直的人：善良、風趣、好相處、工作出色，更令人驚嘆的是，把我這個老爸當成小孩，照顧得無微不至。他們讓我驕傲，我也感激萬分，我認為這就是我這一生最大的成就，即使我的貢獻不多。我已故的妻子才是一家之主。我們有四個溫馨舒適的家，都是她一手布置的。我的生活起居也是她安排的。要是孩子不反對，她也樂意幫忙打理他們的生活。

無論如何，這就是我們的快樂人生，在某些方面也許過於歡快。此時，我何其有幸，得以在人生的盡頭多徘徊幾個月，在山谷尋幽，在世間稍作停留，讓回憶帶領我回到曾經擁有、但卻已然消逝的時光。

從統計數字來看，時光荏苒，老人將愈來愈多。我在想這是好是壞？我希望這是件好事，但看看自己，我就不那麼有把握了。我仍是個脾氣不好的老人，而且倚老賣老，無視與我相左的觀點。下個世紀會是什麼樣子？都是像我這樣急躁易怒的老人，還是沉靜溫和的長者？會有更多讀書俱樂部，還是狂歡派對？會有更多老太太像荷蘭人那樣挺直腰桿悠閒的騎著腳踏車，還是俯身衝刺？

近日，我文思泉湧，但心有餘而力不足，因此只能讓思緒在我腦海裡徘徊，未能實現。我們需要年輕人帶來改變，老年人必須放手，讓他們有所作為。我希望自己能變得更寬容。

因此，且讓我為各位獻上一段我很喜愛的古愛爾蘭祈禱文：

無論人生之旅把你帶往何方，
願你擁有康莊大道，
願你一路順風。
願和煦的陽光照耀你的臉龐，
願天降甘霖滋潤你的心田。

直至有朝一日我們重逢，無論何時，無論何地，無論如何，
願主用祂的掌心護佑你，保你平安。

活在當下，享受人生。莫待為時已晚，後悔莫及。

輯一

你的人生

第一章

走錯路沒關係

我的朋友拉吉寫了封電子郵件給我。「查爾斯，我們孟買有句新諺語，」他寫道。「我想你會喜歡的，這句諺語是：『有時，搭錯車也能帶你到對的地方。』」他不是在說孟買的鐵路系統有多混亂，他說的是人生和命運。我的人生經歷正好可以印證此言無誤。

我從牛津畢業之後，決心找份長期、穩定的工作，希望能賺到足夠的錢養家糊口。我寄求職信到殼牌石油公司。我應徵上了，但父母並不怎麼贊同我一畢業就遠赴新加坡工作，然而他們也沒說什麼。我母親開車送我去機場，見我愁眉苦臉，還有點忐忑不安。在我下車時，母親搖下車窗對我說：「別擔心，親愛的，這些經歷都會成為寫書的好題材。」

「寫書?」我說，「我要去石油公司當主管，賺大錢呢。」

「好吧，」她語氣溫和，但不以為然。

於是，我前往新加坡。我被派到婆羅洲，在叢林與河流環繞的砂勞越（**Sarawak**）管理他們的行銷公司。

擔任經理人的我做得差強人意，於是我買了一堆美國管理書籍，仔細研讀。這些書文筆拙劣，枯燥乏味，教我擲筆三嘆。我認為我可以寫得更好。

我摘錄部分內容和理論，抄下來，然後用最精湛的英文重新寫出來（我對自己的寫作很有自信。我會模仿海明威的風格，用簡潔、有力的語句來表達。）我以我在婆羅洲的異國故事做為例證，這些經歷大都慘不忍睹。但正如我對讀者說的：只有透過犯錯才能學習，而且從別人的錯誤學習，總比從自己的錯誤得到教訓要來得好，這些就是我犯的錯……。

沒想到這本書非常暢銷，出版第一個月就賣出一萬本，到了年底，全球銷量更達到一百萬本。其他出版公司也向我邀稿，希望我能寫更多書，因此我成了作家。我也周遊全世界，對無數企業主管闡述書中的理念，因此獲得豐厚的酬金。所以，我最後還是做我喜愛的事情，也就是寫作和講故事，不但糊口無虞，還綽綽有餘。

基於這樣的經歷，我回信給印度的朋友，我說：「我上了火車，目的地是殼牌國際石油公司，結果到了企鵝出版社、BBC和紀念品出版社，從此活在我嚮往的人生藍圖之中，而且似乎做得還不錯。謝謝你告訴我這句孟買的諺語。我會把這句話當成傳家之寶，告訴我的兒孫。」

所以，我對孫子女說：在你二十幾歲，還沒結婚，也還沒有房貸負擔時，你要勇於嘗試，即使失敗也沒關係，你會從錯誤中學到很多東西。憑直覺跳上一班你覺得有趣的火車，看看它會載你到什麼地方。

第二章

用不著解釋一切

小時候，我問母親聖經中一些比較奇幻的內容。「寶貝，你只要相信就好了，不需要理由，」她答道。

「但我想知道，」我很堅持。「我需要證據。我需要合乎邏輯的理由，才能了解為什麼會發生這樣的事。你要我在午餐前相信五件不可能的事，卻沒有給我任何事實、任何理由，教我如何相信。」

她神情哀淒的搖搖頭。

經過歲月的磨練，我終於知道別去找事實和理由。何不讓晚禱的頌歌、聖經和祈禱書的字句、大教堂的美和莫札特或任何人的音樂滋潤心靈？只要接受，不必解釋。

如今，我已不再強迫別人放棄他們辯護不了的信念。我現在認為這麼做極其無禮粗暴。每一個人都應該有信仰的自由，想信什麼，就信什麼。要是孫子跟我說，有一些小人兒在後花園的樹枝跳上跳下，我不會責備他們亂說。畢竟，魔法有其存在的空間。

藝術家、詩人和孩子會以不同的眼光看世界。我認為很多企業家也具備同樣的能力，相信新研發的產品或服務會成功，但不一定能解釋為什麼。以史賓塞・席佛博士（**Spencer Silver**）為例，沒有他，就沒有今天的便利貼。

席佛是在美國**3M**公司工作的科學家，他想發明超強力的黏著劑，卻陰錯陽差製造出「黏性低」、可重複使用，只要輕輕施壓就可以黏住東西的黏著劑。他相信他的發明能在某些地方派上用場，但不確定到底可以用在哪裡。

後來一位同事想到可以把黏著劑塗在書籤上，書籤就不會從讚美詩集掉下來。不久之後他們更想出便利貼的概念，這是一種可以黏住東西、又不會黏得太緊的紙片。

然而，這很難說服3M的老闆。

「這能用來幹嘛？這東西要怎麼賣出去？」

他們終於製作出第一批黃色便利貼時，每個人一看就知道這東西可以怎麼用。但是你無法解釋這個小東西多麼有用：你得用過才知道有多好用。

因此，如果你看到組織裡有人在做白日夢，就讓他們做吧，好好欣賞他們的創意，別問太多。又如果你在餐廳吃了一道鮮美的魚湯，不必問廚師這魚湯到底是怎麼做出來的，吃就對了。有時知道太多反而沒意思。

努力培養你的另一種潛能，也就是你的想像力。別隱藏想像力，用想像力來創造一些東西，拍片也好，寫書也好，或是製造某種產品。你用不著向每一個人解釋這一切，甚至不必向自己解釋。你只要相信。是的，想像你可以做得到。

第三章

獨處之樂

在英國，衡量成功的真正標準是受邀到廣播節目《荒島唱片》（*Desert Island Discs*）擔任受訪嘉賓。思考一下就會覺得這實在是很奇特的一種成功，因為這個節目的構想是，如果你不幸孤身一人漂流到荒島，會想聽什麼音樂。

嗯，我在英國從來沒有這樣的機會，但我卻在澳洲上了類似的節目。一個英國人（或者說像我這麼一個愛爾蘭人）在澳洲而非在自己的國家揚名，也沒有什麼不好。不過說也奇怪，我上次去墨爾本的時候，似乎沒有人注意到我。

且聽我說，如果你想感受孤獨，可以在一個陌生的國家打開晚間電視新聞。你真是無法想像這些滑稽的人在做什麼，為什麼他們會擔心螢幕上出現的問題。你心中出現一種強烈的疏離感，渴望看到大笨鐘和英國首相的臉，好讓自己安心，日子照樣過，至少是過著你熟悉的生活。

然而，我可以說是個幸運之人。我非常享受獨處。我珍惜孤獨給我思索的機會，思考很多人會問自己的問題。像是，我們為什麼活著？該擔憂死亡嗎？上帝存在嗎？

老婆大人不解我為何如此耽溺於沉思。「為什麼不好好活著，與其空談，不如親身體驗？去煮點什麼來吃吧。」烹飪是我倆共同的興趣。插圖精美的食譜活色生香，誘惑我們的感官，挑逗我們的欲望。翻閱食譜，想像一道菜的做法就能讓我們心滿意足，不一定真的要依照食譜做出什麼料理。萬一沒話聊，我們還可以抬槓一下，說勃根地葡萄酒跟波爾多葡萄酒哪個比較厲害，甚至舉辦一場兩個人的品酒會。這可有意思了，而且可以學到一點東西。其實，這也是一種思索。

現在，我中風了，不良於行，成了被關在家裡的囚犯。好吧，我忍。其實，我不是在忍受，反倒樂在其中。正如我說的，我就是自己最好的同伴。這個同伴永遠在我身邊，聽我對生活及種種不公不義發牢騷，聽我抱怨其他人，聽我述說我的想法，而這個人總是贊同我說的話。

說真的，我的摯友並非總是與我意見一致。這正是他有意思的地方。有時，我覺得他比我有趣，我希望變成像他那樣的人。

我想，這就是為什麼我如此喜歡無所事事。但這只是另一個藉口，讓我得以跟我的朋友躲起來，一邊解決世界的問題，一邊靜靜的啜飲紅酒。

第四章

認錯

一六五〇年八月，英格蘭、蘇格蘭與愛爾蘭的護國公奧利佛・克倫威爾（Oliver Cromwell）寫信給蘇格蘭教會固執的長老們，說道：「我以基督深切的憐憫之情懇求各位想想，你們可能錯了。」

回頭來說說我身邊的事，以前我在大學任教時，校方要求系上教授同意某位副教授升等為教授。在此姑且叫他哈里斯。哈里斯在他的研究領域中是公認的專家，享有國際聲譽。此人上知天文，下知地理，就像一本活的百科全書，認為自己無所不知。他甚至傲慢的針對我的研究主題「工作的未來」說三道四，還教我老婆如何應付分娩的疼痛，這讓我老婆覺得莫名其妙。

他從不懷疑。在我看來，這就是問題所在。重點是，要當個合格的教授，你得有點懷疑精神。適度的懷疑是所有科學的基礎。你要挑戰現有的知識體系，努力推動這個體系進步。教師的基本要求就是展現出合理的懷疑：對任何看法都抱持開放的態度，即使是面對學生提出來的質疑。

正如克倫威爾寫給蘇格蘭長老的建言，適度的懷疑是宗教的基礎，因為如果沒有懷疑，你就不需要信仰。適度懷疑是人際間日常交往的核心。如果一個人永不讓步，不承認自己可能錯了，也不願意接受反對意見，跟這種人也就沒什麼好談的了。

跟一個絲毫沒有懷疑精神的人相處可能會很困難。我至今仍然深切思念的亡妻就很少承認自己會對事物感到懷疑。她相信自己的本能。「我用我的直覺思考，」她說，「我的直覺總是對的。」我們常常爭論。我想，我接受過無數次論文寫作推理訓練，應該可以輕易的勝出。

但我何其不幸，碰上這種罕見的天選之人：通常都是她對，我錯。

我不得不懷疑自己的推理能力。於是，我下定決心：我要做的就是找出為什麼老婆是對的，而我是錯的。這樣我們就可以一起做決定。我承認她是適度懷疑規則的一個例外。

然而，在我生活的其他方面和我的教學中，抱持懷疑已經被證明是不可或缺的。在企業管理課堂上，我不厭其煩的告訴學生，良好管理的本質就是常識。問題是常識既不常見，也並非總是合理。你必須挑戰、質疑。

因此，一旦你認為自己已經找到解決方案，你得假設可能還有更好的方案，並懷疑你找到的方案或許是錯的。你還得有紀律，規定自己至少再找出兩個可能的答案來驗證。

如此一來，你會更有親和力，與同事或部屬相處融洽。你變得更健談，別人也更願意與你為友。

適度的懷疑是一種力量，因為懷疑伴隨著謙遜和謙卑。如果我們的政治人物在電視或廣播上能展現出適度的懷疑，承認自己並非總是對的，或許事情會有改善的餘地。

因此我的建議是，即使你百分之百確定自己是對的，但至少要在心裡承認，最好是在公開場合承認你也可能錯了。這會讓你更平易近人、更令人喜愛、更友善、更容易被人接納，也更容易讓人信賴。

你需要練習這麼做，就像我面對老婆大人那萬無一失的本能和直覺一樣，只能認輸，自忖：我可能錯了。

第五章
故意視而不見

我躺在床上，盯著天花板，注意到角落有一塊咖啡色的汙漬。「哎呀，」我想。「樓上鄰居家八成漏水了，真討厭。」

這倒不是錢的問題（保險會理賠），而是我怕麻煩，也怕與鄰居交涉。鄰居是個難纏的傢伙。

於是，我閉上眼睛，起身，穿好衣服，忙我的工作。也許天氣一熱就乾了，我告訴自己。之後，我就把這件事拋到腦後。

下午我想躺下小憩，那汙漬還在。「哎呀，」我又想起這事，然後把目光轉向天花板其他地方，幸好沒看到汙漬。我暫時忘卻這事。明天再處理？或許吧。

我正沉溺於所謂的**「故意視而不見」**，不願面對令人不快的事實或壞消息。

這個概念是睿智幽默的商管作家瑪格麗特・赫弗南（Margaret Heffernan）提出來的。

一旦這種概念在你腦子裡成形，你的大腦就會自動過濾你不想看到的東西，出現各種「盲目」。我有兩個熱愛運動的朋友：一個打橄欖球，一個打拳擊。兩人似乎都對運動危險的統計數據視若無睹。不知怎的，他們覺得自己是金剛不壞之身。

另一個友人幾天前來訪。他很想要擁有一處房產，剛收到測量師給他的勘測報告。

我問他：「報告怎麼說？是好，還是壞？」他說，「我還沒看，通常都很糟。這些人怕被告，總是把屋況描述得比實際狀況還糟，所以我從來不管他們怎麼說。」

「喔，好吧，」我想，「那是他的錢，不是我的。」

但這件事讓我想起天花板上的汙漬。我去看了一下。還在。「喔，好吧，再等一個禮拜吧，」我想，然後繼續工作。其實，我和那個想要買房的朋友都對問題視而不見。

這種情況處處可見：政府對國際收支赤字增加的警訊或傳染病即將爆發的徵兆視而不見。

有人生病，飽受疾病折磨時，我聽過無數次這樣的話：「喔，病會好的，別擔心。」我也一樣。「啊，只是感冒，」我說。「吃顆藥就好了。」我忽略胃痛的警告。大多數的醫生都清楚病人有視而不見的毛病，特別是男性。

我相信每一個人都可以在生活中找到這樣的例子，就像我在天花板上看到的汙漬，然而，我們不想面對現實。於是，我們閉上眼睛，希望問題會消失。

在社會上每一個角落都可以看到故意視而不見的弊病，在商業界和管理圈子尤其如此。

如果你在生活中注意到任何問題，採取行動，解決問題吧。風險近在眼前，卻選擇視而不見，恐怕大難臨頭。

我一直沒向鄰居反映漏水的問題，也好幾個禮拜沒去看天花板那塊汙漬，但我懷疑問題還在。有時這種視而不見是故意的，有時則是我的潛意識在為我效勞，幫我趕走憂慮。無論如何，都是危險的疏忽。

老實說，也可能是懦弱……就我而言，總是如此。

第六章

欲蓋彌彰

我母親過去經常對我耳提面命，說道：「不管如何，你都得說實話，這樣可以活得比較輕鬆。如果不這麼做，終將被真相反噬。」

很快，我就發現她多麼有智慧。三十三歲那年，我發現我的頭有點禿了。嗯，只是禿了一小塊，只要小心梳理頭髮，就可以用一小撮頭髮蓋住禿髮的部位。而且只要在刮大風的時候不出門，頭部保持在正確的角度，就沒有人知道。除了我那非常愛管閒事的鄰居，這位老太太心地善良，但強硬頑固，老公是溫莎教堂牧師。有一天她請我喝茶，然後教訓我一頓。

「查爾斯，」她說，「你禿了，**你**自己知道，**我們**也都知道。這個年紀禿頭並不可恥，很多人都禿了。可恥的是，你小心翼翼把頭髮從另一邊梳過來，蓋住光禿禿的地方，假裝沒禿。你騙不了任何人，只會讓自己變成笑柄。別這樣。去市中心的理髮店，把礙事的那撮頭髮剪掉，做真實的自己。一旦習慣，你就會覺得解脫了。」

這位老太太很凶悍，所以我真的別無選擇。我去了理髮店，與頭頂上的頭髮告別，除了耳朵上方，其他地方都光禿禿的，就像一隻白冠雞。

好一陣子之後我才習慣，但我不得不承認，這樣的確比較輕鬆。我從游泳池出來，不用吹頭髮，就像擦身體，用毛巾擦擦頭，太陽曬一下就好了。早上出門前整理儀容的時間也縮短了，因為我不需要梳頭髮。

而且，過了一段時間之後，我感覺自己變得真實了。我不再假裝自己是頭髮有型的帥氣紳士。你知道嗎？似乎沒有人注意到有什麼不同。我覺得如釋重負。

接著，我去檢查視力。那就像一場考試，驗光師不斷把字母放到我面前，要我說出字母是什麼。我看不清楚，所以用猜的。

最後，驗光師失去耐心。「老兄，」他說：「我知道你在說謊。我知道你在假裝看得到。但有時候你可能會猜對，這樣我就會誤判你的視力狀況。除非你說實話，否則我無法幫你配正確度數，就算配了新眼鏡，還是看不清楚。」

我承認他說的沒錯，我不再亂猜。我配好眼鏡，再度擁有清晰的視野。所以，說實話不僅讓我感覺更自由，也幫助我看得更清楚。

還有我的房子整修工程。我從經驗得知，如果承包商告訴你費用是X元，工期為Y天，通常這兩個數字翻倍才是正確數目。所以，這次我說：「拜託，請給我真實報價，把所有可能出錯的代價都算進去。一旦我從震驚中恢復過來，我們就能好好配合，有個好結果。不然我們一定會吵起來，你會說這價格太低，做不到，我會說你敲我竹槓。」

他給我真正的價格和真正的工期。我真的嚇了一跳。不過一旦熬過荷包大失血的痛苦，我們就能相處融洽、合作愉快。你相信嗎？最後，實際支出略低於預算，工期也比預期短一點。因此，實話實說再次為我帶來好處。

領導也是。如果你帶領一個團隊，不管在運動場上還是在辦公室裡，你必須說實話，而且讓每一個人都說實話。如果他們有所欺瞞，你就不能信任他們，而信任是讓世界順利運轉的潤滑劑。沒有信任，一切都將卡住、停擺。

是的，不管在家庭裡，或職場上，說實話是最重要的一件事。這也就是為何亞里斯多德把真誠列於美德之首，其次是勇氣，他指的是不計後果、堅持正義的道德勇氣。

所以，請記取我母親的忠告，別被真相反噬。

第七章

找出自己的缺點

多年前，我二十歲出頭時，在殼牌石油工作。當時，我在新加坡國際機場負責飛機的加油作業。

這沒你想像的難；每個環節都設計得萬無一失：我們用顏色編碼，一目了然，不會出錯。我要做的，就是把紅色管子接到飛機油箱上的紅色閥門，把綠色管子接到綠色油箱。

但這些管子非常笨重，拖起來很費力。在一個大熱天，我不知怎麼搞糊塗了。「你這該死的笨蛋！你是色盲嗎？」主管對我吼叫。

我嚇呆了，就像在公共場合被問到是否得到梅毒。我說：「噢，不是，當然不是！」然而，他質問的沒錯，只是當時我不知道自己是紅綠色盲，無法分辨紅色和綠色。當然，殼牌石油要求我做這項工作之前，應該要讓我接受色盲檢查，但是他們沒有這麼做。

因此，我很好奇：對自己，我還有哪些地方不了解？你呢？你是色盲嗎？或者，你對自己的身體或個性還有哪些地方不清楚？你會過度亢奮嗎？還是有點重聽？問你最好的朋友吧。

我們不可能百分之百了解自己。這點可能很危險，就像我。燃料加錯會導致引擎熄火，飛機可能會從天下掉下來。

直到今天，每次坐在飛機上等待起飛，當引擎啟動時，我都會仔細聽，祈禱現在做我以前工作的人不是色盲。只有當飛機引擎傳來完美運轉的聲音，我才鬆了一口氣。

未知的缺點很危險。在為時已晚之前把這些缺點找出來吧。

第八章
傾聽

我曾經和與你同行劇團（Cheek by Jowl）的創辦人兼劇場導演狄克蘭・唐納倫（Declan Donnellan）談話。我請教他：要當一位偉大的導演，訣竅是什麼？身為教師的我，希望能從他的答案中得到一些啟發。

他說：「全神貫注！不是注意劇本上的文字，而是注意每一位演員。如果發現有人遇到困難，就該把他拉到一旁，與他談一談。」

狄克蘭說，你不只是把注意力放在演員身上，告訴他們該怎麼做，還要傾聽，傾聽言外之意，盡量深入他們的內心世界，引導他們說出心裡的話。

有一項研究深得我心：說得愈多，聽得愈少。

而且，你說得愈多，你對說話的對象（即聽者）的評價愈高。換句話說，雙方都有收穫。在理想的情況下，聽者從你的話語中獲益，而你也會因為感受到聽者對你的欣賞而得到滿足。

注意一個人不僅僅是傾聽，而且要讓對方覺得自己是你見過最棒的人。

幾年前，有位年輕女記者被派去採訪兩位美國總統候選人。我想這兩位是布希和柯林頓，但我不確定，姑且稱他們為A和B吧。

她說：「我和A說話時，感覺能和世界上最有權勢的人共處一室，真是非常難得。」

「但我和B在一起時，感覺自己是世界上最重要的女人，因為他全神貫注聽我說話，這實在非比尋常。」

我們有幾位荷蘭朋友，家庭圓滿、和樂，令人豔羨。他們有三個孩子，正值青春期，都很懂事、可愛、有趣，而且落落大方的與我們交談。怎麼我們家的孩子就忸忸怩怩？

我們問荷蘭朋友：「你們是怎麼做的？有什麼祕訣嗎？」

「我們把每個孩子都當作獨生子女，」他們說，「每個月會帶其中一個孩子出去，聽他們說心事，把注意力放在他們身上，試著進入他們的內心世界。」

這麼做顯然有極大的好處。

所以，不要只顧著說自己的事情，不但要用耳朵聽，更要用心聆聽。這是大多數管理者都應該學習的一堂課。不要對人大呼小叫，坐下來好好聽他們說話。你會贏得他們的敬重，他們也會認為你是有智慧的人，感激你願意抽出時間傾聽他們的心聲。

如果有人要去面試，我會這麼建議：「讓面試官說得比你多，不斷問他們問題。」研究顯示，面試官說得愈多，對面試者的印象愈好。

同樣的，如果你在一場晚宴上，不知道該說什麼，不妨轉向坐你右邊的人，說道：「請告訴我……」，然後問他們一些問題。他們會覺得你很棒，因為你有傾聽的智慧。而且你也許真的可以學到一些東西。

第九章

不確定的智慧

Capability（能力）是個又臭又長的字眼，尤其是當這個字成為你的綽號時，就像十八世紀著名的園林設計大師「萬能布朗」蘭斯洛特・布朗（Lancelot 'Capability' Brown）。顯然，當他看到眼前的牧場、雜亂的草地時，會宣稱這塊土地「很有能力」，他所說的能力，就是指這些地方很有「潛力」。

我想，小學老師走進教室時也會有同樣的感覺：這一個個小不點都是潛在的天才啊。他們一定會這麼想：「哇，這個地方充滿可能性。」即使在那一刻，這些學生還不會寫自己的名字，但重要的是他們的潛能。

那麼，十九世紀浪漫主義詩人濟慈（John Keats）在寫給兩個弟弟的信上提倡的「negative capability」是什麼意思？是指負面、消極的能力？嗯，聽起來頗為矛盾。但他不是那個意思。濟慈說：「即使身處變動、謎團、疑慮之中，你不煩惱焦躁，也不急於追尋事實和道理，」並且能繼續前行。換句話說，他認為事實會阻礙你的想像力。

我在牛津準備期末考時，曾詢問導師如何複習。他說，其實不用複習。「你不必死記這些。考官不是要測試你的記憶力。給他們意想不到的答案吧。別說他們已經知道的事情，告訴他們一些他們從未想過的事。所以，帶著空空的腦袋走進考場。最好的做法就是躺下來，聽板球比賽。這比賽無聊透頂。不過，你知道嗎？球拍擊球的清脆聲響，球滾到邊界得分，或是投完一輪無失分，那如同漣漪般擴散開來的掌聲，是英國夏日午後舒緩人心的音樂，能清除你腦中的雜念。如果你有清晰的頭腦，你的想像力就會全速運轉。任何你需要的事實，都會及時浮現在你的腦海，因為，相信我，那是你深層記憶的一部分。」

於是，我依照導師的建議，躺下來聽板球比賽。我照他的指示，放空、傾聽。第二天，我走進考場，覺得自己什麼都不知道，但我鎮定自若。是的，我確實拿到學位，因為我福至心靈，能生動的重新詮釋歷史和哲學。因此，我一直對板球心懷感激，雖然我沒打過板球。

濟慈發現，除非他清空腦中所有的事實和確定性，否則他根本無法寫詩。我也是。直覺可能很強大。亡妻常說，她的直覺很準，她憑感覺就知道了。她說：「我跟你一樣聰明，只是思考的方式不同。」

所以，我們來到岔路時，她會說：「向左，」我問：「為什麼？」她答道：「我只是覺得向左準沒錯。」

我漸漸學會尊重她的直覺。為了讓自己接受這點，我會像玩猜謎一樣，想出一些理由來說明為什麼她的直覺可能正確。只要我能說服自己就好了。而她總是對的，即使她無法解釋為什麼。

有一次，我告訴她事實。她不想聽，說這會破壞她的直覺。她是攝影師，很有創意和想像力。對她來說，真相就是親眼看到真實的人，用某種方式捕捉那一刻。要做到這點，她必須聚精會神看著她要拍攝的對象，而不是注意相機的設定、對焦等。她必須依賴直覺。

這對她管用，對我們也好。我們就跟著她的直覺走，不管是買房子或是選擇去哪家餐廳吃飯。有好幾次，我們決定離開一家餐廳，只因她說：「這裡不好，感覺不對，我不想在這裡吃飯。」

為孩子選校就辛苦了。我查了所有資料，成績、體育表現等等，但她走進教室之後可能會說：「不行，我不想讓我女兒坐在這裡，我們不會選這所學校。」我無法用事實說服她。

所以，無所為之能！不要讓事實阻礙你的想像力。請記住：真理就是美，美就是真理，不一定要「看起來」漂亮：數學家和物理學家告訴我，如果一組包括數字和字母的方程式能概括整個宇宙，那就很美。同樣的，如果我能找到一個故事或比喻來概括我的想法，那就既美又真實。正如木匠用「真確」來形容卯榫，因為它完美吻合、發揮作用。因此，卯榫也很美。真理就是美，但如果真理會阻礙想像力，那就不美了。

所以，只管坐下來畫畫、寫作、作曲、設計，不管做什麼都好。讓你的想像力自由的流淌。噢，如果你快考試了，務必讓你的腦子放空，而且擁有充沛的活力。這對我有用，希望對你也有幫助。

祝週末愉快，看板球比賽，放空吧。

第十章

運氣是什麼？

我不相信運氣。或者說，我相信運氣是由人創造的。有人說，運氣就是當準備遇上機會。但英國人通常會淡化個人的努力，說道，這只是運氣而已。是的，我一直很幸運。但借用高爾夫球界的一句名言來說：我練得愈多，就愈幸運。

據說拿破崙曾說，他希望麾下將軍唯一具備的特質就是幸運。但在我看來，他的意思是，這些將軍已經準備充分，能應對任何狀況。就像童軍的銘言一般：「時時刻刻做好準備。」

我在殼牌石油工作時，偶爾會參與他們的情境規劃小組。這個小組要做的是預測可能發生的災難，例如蘇伊士運河關閉、沙烏地阿拉伯政權垮台等，然後召集一批管理團隊，用沙盤推演的方式，討論公司該如何應對這些情況發生時會帶來的問題。

做好準備是一種好習慣。但我很好奇，過去幾個月，有多少人曾在家中進行消防演習，或是做過任何災難應變計畫？

多年前，我和老婆大人開始認真思考這個問題：萬一我們倆其中一個人先失能呢？於是，我們決定把現有房產的一間公寓改造成個人照護寓所，也完成了。現在，我舒舒服服的住在這裡，有一位全天候的居家看護照顧我，為我煮三餐，我的女兒就住在樓下。這些都是我們多年前就規畫好的，那時我們有時間、有錢、有耐心，而且身體健康。要是現在才計畫，我已經中風，年紀也大了，就做不了。

所以，有人告訴我說，我真幸運，有這樣的寓所可以養老，我會說，是的，但這是我們早就計畫好的。（雖然有時候我只是附和著說，是啊，我很幸運，好像這一切與我無關。）

換句話說，做好準備，未雨綢繆。希望萬一災難降臨時，你已經做好萬全的準備。

這也是政府可能需要牢記的事。

第十一章

自大傲慢，災禍必至

我從小一到中學二年級就讀私立學校，也就是所謂的預備學校。沒有人問我的意願，我莫名其妙被命運安排進了古典學組。於是，我在學習希臘文和拉丁文的環境中長大，熟知所有希臘神話，也知道天神會惡作劇，覺得很有趣。我也閱讀偉大的希臘悲劇。在古代，這些悲劇每年都會在宏偉的埃皮達魯斯劇場（Epidaurus）演出，供所有民眾觀看、學習，因為希臘悲劇說的正是跟道德有關的教訓。

「Hubris」一字源於古希臘文，這個字的翻譯是「過度傲慢」。對希臘人來說，這意味把自己當成神，妄自尊大，行為舉止超過自己的身分地位。自然而然，這惹怒了希臘諸神，因此他們讓這樣的人自食惡果。小時候的我讀這些劇，也看了一些現場演出。就像默劇裡的人，我一直想對悲劇主角說：「噢，別這麼做啊，」因為接下來會發生什麼事實在太明顯了。

所以，看到伊底帕斯殺死父親，決定娶自己的母親，我整個人都想衝上前去，阻止他：「不可以啊！你這樣只會走向毀滅。」而他果不其然一意孤行，自取滅亡。因此，據說雅典民眾就能從中學到一課：傲慢不是好事；狂妄自大，必招災禍。

幾年前，我和世界各地的很多人一樣，在電視上看到一齣極度囂張自大的戲碼。那是二〇二〇年，川普總統任期接近尾聲、尋求連任之時。雖然我一點也不同情他，但我很想再次對這個人說：「請不要這樣做！我們都知道後果會如何。這對你絕對沒有好處。」果然，他沒有和多數美國在位總統一樣順利連任。如果川普能像我一樣成長，記取希臘悲劇的教訓，可能就會反省自己的行為，三思而後行。

伊底帕斯永遠不該娶自己的母親，這顯然會導致悲劇，但沒有人出手阻止他。當然，伊底帕斯罪有應得，但我還是很想警告他。對川普也是如此。他必然會自作自受，但我真的好幾次都想提醒他：「小心背後，這樣早晚要出事的。」就像默劇中的情節一樣。

但我對著電視大喊大叫沒有用，他當然不會注意，但諸神會將他擊倒。希望我們都能從中得到警惕，就像古希臘人從悲劇得到教訓：傲慢自大，不可一世，高估自己的價值，必然會惹禍上身。

如果我們從川普身上學不到什麼，至少希臘悲劇能讓我們學到這一課：自大不是好事，會帶來災禍。因此，川普，謝謝你提醒我們這一點。如果你的孩子表現出任何驕傲的跡象，帶著幾分傲氣，以為自己了不起，提醒他們希臘悲劇中伊底帕斯的遭遇。或者是現代悲劇中川普的所作所為，引以為戒。

諸神現在必須決定該如何懲罰川普：他應該被限制住居，不得離開他在佛羅里達的新家，無論天氣如何，每天都必須打一回合高爾夫球。他可以選擇對手，制定規則。但每天早上都得打一回合。

如此一來，他就會發現，如果你唯一的動機是贏，生活就會變得非常無聊。或許這會迫使他改變，像希臘悲劇，讓所有人都學到一課。結果，經過四年懲罰之後，諸神給了川普第二次機會。不過，值得記住的是，說到狂妄自大，重新來過的機會是非常罕見的。

第十二章

成功的意義

那是我們家人共進晚餐時的另一個話題：成功意味著什麼？我那十幾歲的孫子毫不猶豫的回答：有很多錢，可以買很多東西，像是汽車、摩托車，說不定還可以買一艘遊艇。我的孫女也這麼想，她已經在設計她夢想中的房子：奢華的浴室、漂亮的臥房，當然還有俯瞰大海的露台。如果她成功，賺很多錢，就能買下這些。

「爺爺，那你呢？」孫子問道。

我說：「跟我來，我想去看看你奶奶的墳墓。」

他們不知道，她去世後，一位好心的朋友送來一些雪花蓮，讓我們種在墳上。我想看看那些花長得怎麼樣。

墓地離我們家只有幾百公尺，我們一起走過去。

亡妻的墓上一朵雪花蓮都沒有，其他人的墓卻開滿了。雪花蓮長腳跑了。我不知道雪花蓮會這樣，雪花蓮在墓園裡處處盛開，長在我們友人和鄰居的墓上，就連旁邊小巷的樹籬邊也有。

我一時興起，自言自語的說：「我想，這些雪花蓮是她的朋友。」亡妻樂於與人交往，喜歡幫別人拍照，交友無數。她常跟朋友連絡。她跟朋友通話，一講就是一個小時，我問她：「你們在講什麼？」

「喔，隨便聊聊而已，」她說：「保持聯繫。」

我知道了。她在為友誼的園圃澆水、施肥，讓她的雪花蓮成長茁壯。她會對我說：「這個禮拜天沒有人來，那麼中午請某某人來吃飯吧？」我也滿喜歡他們，於是他們就來了。她會懷抱滿滿的愛為他們斟上我珍藏的美酒。的確，有些人就住在附近，有些人則住在遙遠的地方，來自世界的各個角落，但她依然與他們保持聯絡。

我對孫子、孫女說：「這個景象真可愛，不是嗎？她就躺在那裡，被雪花蓮包圍。瞧，對奶奶來說，朋友是如此重要，她知道朋友需要照顧、需要愛與關心，就像花需要澆水、施肥。因此，在她生命的終點，她被朋友環繞著。

「所以，請跟你們的朋友保持聯繫，並展現你對他們的愛。我希望你們離開人世時，也被雪花蓮環繞著。」

老婆大人給我最大的讚美，就是說我是她最好的朋友。我是她的首席雪花蓮——多麼榮幸。多麼成功。

妻子這一生活得充實、被愛擁抱。我想不出有什麼比這更成功，這比世界上所有的金錢更珍貴。

第十三章

主教、斯多葛學派與我

我一直認為，在人類的組織當中，處理好與上級的關係和處理好同事或下屬的關係同樣重要。然而，我不一定能實踐我倡導的理念，任何讀過我早年在殼牌公司報告的人都能證明這一點。至於我與最後一位上司的關係，雖然那是很久以前的事，而且是發生在我離開殼牌石油很久之後，但那仍然是我面臨過最困難的關係之一。

他是一位主教，也是溫莎城堡聖喬治禮拜堂教長，當時我在那裡負責一個非常特別的智庫，整個單位只有我一個人，沒有任何職員。每個週末，我們都會邀請英國四十位最傑出的人士（企業或機構領導人）來辯論和討論當時重大的道德議題。例如「何謂好的成長？」、「所有的成長都有幫助嗎？」或是「自由是否已經超過界線？我們是否應該監控並管理網路和社群媒體？如果是，又該怎麼做？」

我們沒有制定任何規則，但是會在討論中表達不同的立場，而且我們每個人都同等重要。換言之，我們彼此啟發、共同學習。

這是蘇格蘭哲學家大衛・休謨（David Hume）的洞見，他強調真理愈辯愈明。我稱這個原則為討論式自我教育。這個方法很棒，令人興奮，有趣極了，每個人都樂在其中，而且所有人都能學到一些東西。

有一天，我必須與我的上司，也就是那位主教，討論一件重要的事：我們這個智庫的未來。我有遠大的夢想。我想邀請四十位下一代菁英，剛在職業生涯起步、前程似錦、三十歲出頭的年輕人。我希望溫莎城堡能提供他們住宿，讓他們可以攜伴，在這裡住上一個月。

我認為他們可以為討論帶來新的視角，每一代人都能透過不同的觀點，互相交流、教育並且學習，而對在職涯領域剛起步的人來說，這也是交朋友的絕佳機會，他們可以在日後成為彼此的助力。此外，這也將為城堡的日常增添一些活力。

我說得興高采烈，上司卻不以為然，一副興趣缺缺的樣子。最後他說：「我想，我們需要一點幫助，所以一起去教堂禱告吧。」我心想：「天啊，他要請上帝站在他那邊，我完了。」於是，我們走進聖喬治禮拜堂，一個莊嚴宏偉的地方。這座教堂歷史悠久：一面面繡著嘉德騎士紋章的旗幟懸掛在唱詩班席位上方。我們坐在祭壇上方，他唸了「寧靜禱文」，字句如下：

神啊，請祢賜給祢的僕人查爾斯平靜的心，去接受無法改變的事；賜給他勇氣，去改變他能改變的事，也給他智慧，去分辨兩者的不同。

顯然，他認為我的智慧不足以了解我想做的事情是無法實現的，因為如此一來，溫莎城堡部分區域必須改建，茲事體大，畢竟這個神聖的殿堂不僅已經存在了一千年，更是女王陛下的私人居所，女王能決定溫莎城堡所有事務。所以我必須向女王提出我的想法，這可不是一件容易的任務。

最後我們同意一個禮拜過後再來討論。離開後，我做了一些研究，我意識到主教想透過寧靜禱文，引導我去採納斯多葛學派的信條。

這篇禱文改變了我的人生，在此向你推薦。原文如下：「**神啊，請賜給我平靜的心，去接受無法改變的事；給我勇氣，去改變我能改變的事，也給我智慧，去分辨兩者的不同。**」這非常符合斯多葛學派的信條：用你的價值觀去影響你能影響的事，但如果不能，就要有韌性去接受不可避免的事。別試著改變無法改變的事。

斯多葛學派認為，世界上有一種良善的力量，即「**邏各斯**」（***logos***），來指導自然和生活中萬事萬物的秩序。有時，這股力量被稱為命運或系統，也有人稱之為上帝。我們應該學會順其自然，只要有勇氣和耐心撐到最後，並在可行之時發揮影響力，事情就會迎刃而解。

所以，我很感激上司教我這一課。從那時起，除非我看出自己能帶來價值，否則我寧可緘默不語。

當然，有時我們會陷入這樣的陷阱，認為自己的貢獻沒有價值，因此什麼也不說。請別落入這個陷阱。有人說，最糟糕的一種人，就是認為自己做了也無濟於事而袖手旁觀的人。其實，每一個小小的改變都大有幫助。

第十四章

世界上最偉大的畫作

如果最近你有機會去旅行，而且要去義大利，我強烈建議你務必越過山脈去一個名叫聖塞波爾克羅（Sansepolcro）的小鎮。那只是托斯卡尼地區一個尋常小鎮，但是如果你走進那裡的市立博物館，就能看到赫胥黎（Aldous Huxley）口中所說「世界上最偉大的畫作」。這幅壁畫題為《基督復活》（*The Resurrection*），是文藝復興時期的畫家皮耶羅・德拉・弗朗契斯卡（Piero della Francesca）的作品，描繪耶穌基督復活，一腳踏出石棺，準備升天。四個負責守衛墓穴、等候命令的羅馬士兵卻在下方酣睡。

基督不是在等候指令。他升起時，俯視坐在前方椅子上的我。他目光銳利，好像在向我挑戰，看我敢不敢去做他正在做的事。不，不是上天堂，而是在塵世獲得新生，重塑自己，捨棄舊我，在當下創造新的人生。

說來汗顏，以前的我不盡理想。我很自私，沒有什麼貢獻。話說回來，即使是基督也不是十全十美，做什麼都成功。他諄諄教誨，很多人卻當作耳邊風。追隨他的人寥寥可數，少到只能圍坐成一桌。他的死，就像個普通竊賊一樣卑微。

但他在新世界重塑自我，獲得新生。

我的挑戰是：我能改造自我，創造新的人生嗎？

我由衷的認為，這個挑戰適用於我們所有人。這幅畫作就是一份邀請，請我們創造新的自我，做不一樣的事，投身於更偉大的理念或使命。

長遠來看，自私是行不通的。我們無法孤立於世界，我們必須為了自己和他人的安全著想。

我們都是世界這個大舞台的一員。讓我們從大處著眼。讓我們找到可以投身的志業，或是自己創造一個目標。復活的耶穌告訴我：「成為新的查爾斯・韓第吧。」希望新的我不會那麼自私。因為找到幫助別人的方法，其實會帶來深深的滿足感。從某個角度來看，你可以說這麼做也是自私，但這是「好的」自私，因為你使他人獲益，也就是利人利己。

所以，是的，你的企業或組織也可以成為那個更偉大的目標，這取決於誰在領導，以及他們如何定義目標。我認為企業如果只是為了活下去而生存，終究無法長久，要有更大的目標才能基業長青。如果只關心獲利，就可能會失敗。真正成功的企業，是能讓人們願意全心投入的企業。

我曾經寫過一本書，名為《適當的自私：人與組織的希望與追尋》（*The Hungry Spirit*）。我在書中說，非洲人認為人類有兩種渴望，一種是渴望取得生活資源：像是食物、住所和金錢，另一種是渴望追求人生目標：你活著是為了什麼？資本主義能滿足第一種渴望，但不能滿足第二種。第二種渴望需要領導人給我們一個理由，讓我們願意投入。這似乎是當今社會欠缺的。現在，每一個人還是只為自己著想。

如果最近這場世紀大疫教會我們什麼，那就是社會需要人人一起共同努力才能運作。也就是說，社會必須有比自身更重要的目標。會是一起攜手對抗氣候變遷嗎？我衷心希望如此。

這是國家領導人的挑戰：如何讓小我願意忍受一時的痛苦，以實現大我的目標，讓子子孫孫都能受益。

最近我很喜歡種樹，也請你這麼做。即使你知道有生之年看不到綠葉成蔭，但是你的兒孫或其他人將來可以在樹蔭下乘涼。如果你做一件事，完全不是為了自己，而是為了他人，你將喜樂滿溢，甚至有助於對抗氣候變遷，拯救世界。

還有，別忘了，如果你去聖塞波爾克羅，一定要坐在那幅世界上最偉大的畫作前。

輯二

他人的人生

第十五章

對義大利人來說，什麼最重要？

多年前，有一天早上我聽BBC的《今日》（*Today*）節目，聽到義大利政府在半個月內垮台三次。主持人約翰・亨弗瑞斯（John Humphrys）正在採訪一位義大利記者。

「這對你們國家來說，是不得了的大事吧，」亨弗瑞斯說。

「沒錯，」那個義大利人說，「這是大事，但不重要。」

當然，每一個義大利人都明白他為什麼這麼說。我也了解。義大利人的生活圍繞著當地的社區、城鎮，那裡有警察局、有繳稅的地方，還有你登記為永久居民或臨時居民的地方。

羅馬發生的事很有意思，是重大政治事件，涉及外交關係、國家稅收等。然而，政府垮台、政壇動盪，大多數民眾認為這讓專家去操心就好了，他們根本懶得去管。

如果你在義大利村莊的廣場上，看到兩個女人和一個男人吵得不可開交。走近一點，你會發現他們吵的是禮拜天午餐吃什麼，而不是政治。

因此，在你的生活中，什麼最重要？而什麼只是「大事」？我認同義大利人的看法，有三件事最重要，也就是三個F：家人（Family）、朋友（Friends）和食物（Food）。這三個方面沒問題就好了，無論發生什麼，日子還是一天天過。我的意思是，把家人照顧好，帳單可以下週再付，也許晚一兩天再處理也沒有人發現。

禮拜天的午餐則是每一個義大利家庭的重要活動，他們會與久未見面的親友團聚，也歡迎外地人一起同歡。在你的人生中，什麼是重要的，什麼只是「大事」，只有你自己能夠決定。

當然，你有一些不得不做的「大事」，但不一定得馬上處理，通常可以等到下週，等你頭腦清楚再說。然而，重要的事情卻一刻也不能耽擱。

家人、朋友和食物，我也是以這三者為重，這三件事永遠排在「大事」的前頭，包括工作，畢竟工作是為了生活，而不只是為了錢。如果可以的話，等我心情好一點，我就會工作了。

第十六章

少女如何改變世界？

雖然我喜歡鑽研文字，但可從來就沒聽過「opinionista」（意見領袖）這個詞。我喜歡新詞，然而如果是在牛津英語詞典或同義字詞典裡找不到的字，我就沒什麼興趣了。這個新字難唸，又不好拼寫，而且誠如我的母親所說，莎士比亞或聖經中肯定有足夠的字彙可以表達你想說的話，用不著發明新字。她說的沒錯。像「opinionista」這種新字，必然是為了讓使用者炫耀自己的聰明才智。

為什麼不用簡單的英語詞彙，例如「典範」或者是「榜樣」？如今，「opinionista」已成為商業行銷的新術語。如果你在任何社群媒體平台上擁有一萬名以上的追隨者，就有資格成為「opinionista」。然後，某家公司的行銷主管可能會與你接洽，想說服或賄賂你使用某種香水或試坐某輛車，希望你的一萬名追隨者當中，有人會購買他們的產品。

我完全支持新的商業點子，這是一種獲得名人代言的廉價方式。但我更欣賞社會運動家的榜樣。例如，有兩位少女正在領導改變世界的新運動：她們是馬拉拉（Malala）和格蕾塔（Greta Thunberg）。你可能已經讀過有關她們的報導。她們真的是巨星級的意見領袖。

二〇〇八年，馬拉拉十一歲，塔利班控制她居住的巴基斯坦地區。從此，女孩不能上學。塔利班規定，女性僅需生產食物和嬰兒，只有男孩才能受教育，學習戰鬥技能。

少女馬拉拉於是公開發聲，抗議這種不公平。塔利班領導人說：誰去除掉這個討厭的女學生吧，她真是個麻煩。一天早上，一個塔利班士兵上了她坐的校車。他問：「誰是馬拉拉？」她站起來，說道：「我是馬拉拉。」士兵隨即拿出手槍，向她的頭部開槍。

幸好，她大難不死，子彈差一點就貫穿她的腦部。她的父親及時趕到，迅速把她送到醫院救治，後來搭機轉往英國伯明罕，接受進一步的治療。

她康復之後，繼續為女孩挺身而出，並為所有女性的權利喉舌：不只是受教權，還有選擇職業和丈夫的權利，以及上大學的權利，並到世界各國宣揚她的主張。馬拉拉獲得許多獎項，最終榮獲諾貝爾和平獎，成為史上最年輕的諾貝爾獎得主。她的生平已經被拍成電影。我想，她是每個女孩的偶像。

我有兩個孫女，都是十幾歲的少女，非常漂亮、俏皮、淘氣、迷人。我曾對她們的爸媽說：「你們要當心，這兩個女孩將來會為你們帶來麻煩。」然而，我錯了：她們是無價之寶，她們是我們未來的希望，而她們的榜樣就是馬拉拉和格蕾塔。

十七歲的格蕾塔是來自瑞典的氣候行動家，有勇氣在聯合國氣候行動高峰會上撻伐各國領袖，並在達沃斯世界經濟論壇挑戰企業領袖，敦促他們趕快拿出行動，在為時已晚之前實現綠色轉型。

馬拉拉和格蕾塔是新一代的榜樣，她們給了我希望。如果有一天你看到新聞，說有人在倫敦南部學校外面舉行大規模抗議，你就知道我的孫女史嘉莉仿效格蕾塔規劃了一些活動。我為她感到自豪。

我問Google這是趨勢嗎？Google告訴我，已經有成千上萬名少女挺身而出，為她們的信念發起運動。她們都是意見領袖，努力改變其他人的思考方式。

我這兩個孫女自封為我的道德守護者。她們會仔細檢驗我說的話，如果聽到任何種族主義、性別歧視，甚至過於右翼的言論，她們就會像小獵犬一樣跳到我身上懲罰我。她們非常嚴格。跟她們坐在一起時，我有時甚至會害怕，但這的確改變了我的行為和說話方式。她們太棒了！

所以，請勉勵你們家的年輕女孩，要她們鼓舞所有的女孩跟隨她們的腳步，因為她們是這黯淡時刻唯一可見的希望之光。

第十七章

友誼的重要

自從中風以來，這些年我一直被困在公寓裡，猶如獨居監禁。雖然牢房很舒適，但我最近才發現，為了做真正的自己，我需要其他人，特別是朋友，跟我認識很久的、比我更了解我自己的人。他們能讓我憶起昔日的我，以及提醒我，我希望自己仍然是那樣的人。

我記得在某本書中讀到這句話：「好朋友就是知道你所有的不堪，但仍然願意與你共進午餐的人。」這說明我和大衛之間的關係，他是我認識最久、最好的朋友。我們在大學時相識，已相交半世紀。我們每個月都會一起吃頓飯，輪流選擇餐廳、付帳。

共進午餐時，我們會分享最尷尬的祕密、我們的失敗和少數的成功。說真的，如果沒有人可以聽你炫耀，成功又有什麼意義？

大衛知道我的一切，包括我最糟糕的缺點和我抵擋不了的誘惑。他總是在那裡，盡可能的幫助我。他也是非常傑出的醫生，所以如果我摔倒，他知道該找哪位專科醫生，去哪家醫院。這大有幫助。我中風後幾乎死去，在海牙的一家醫院中醒來，看到大衛站在床邊時我很高興，但一點也不驚訝。

他從我家人那裡得知消息後，立即飛來陪我。當然，如果躺在醫院病床上的是他，我也會這麼做。

我很喜愛一首莎士比亞十四行詩，你可能在婚禮上聽過。這首詩是這樣的：

真心相契的結合，
無可阻擋。愛若為真，
不因對方生變，而跟著轉折，
也不會因對方離去而不復存，

不！愛是永恆的標記，
面對風暴，永不動搖……

其實，我認為莎士比亞說的是友誼，而非愛情。他在這裡用「愛」這個字，可以理解為手足之情，或是好朋友之間的情感。一種完全信任和完全真實的關係。說真的，我認為一段好姻緣最後就是兩顆真心的結合，就像兩個好朋友，一種夥伴關係、信任和平等。

然而，誠如亡妻過去不斷提醒我，在朋友的關係中，你們是兩個獨立的個體，雖然在一起，但仍然保有做自己的空間。她甚至把這個理念貫徹到我們房子的設計當中。她相信美滿的婚姻需要一張床來維持親密關係，但需要兩間浴室、兩間工作室或書房，你才能在你需要的時候做自己。即使朝夕相處，也必須要擁有自己的空間。

我認為她是對的，這對我們來說確實有效。正如維吉尼亞・伍爾夫

（Virginia Woolf）所說，在婚姻關係中，擁有自己的房間必不可少，無論你們共度多少個美妙的夜晚。

現在的我更離不開朋友了。在我生病前就認識我的人向我保證，我仍然是他們過去認識的那個人。我們共享舊世界的回憶，一起討論如何讓世界變得更好，即使似乎無人知曉我們的談話。

我們都知道彼此的生日，彼此的孩子。我們分享歷史，希望也能共享未來。如果你有這樣的朋友，用鋼圈緊緊的箍住他們，或至少每個月一起吃頓飯。他們就像黃金一樣貴重。

我非常喜歡《一個人需要多少朋友？》（*How Many Friends Does One Person Need?*）這本書。這是一本學術著作，但平易近人，作者是牛津大學羅賓・鄧巴教授（Robin Dunbar）。

鄧巴教授研究不同時代的人群和工作群體，從我們的狩獵採集祖先到羅馬軍團，一直到現代使用臉書的群體。他認為，我們小時候只擁有五個好朋友，因為我們的大腦太小，無法應對更多的人。但隨著年齡增長，腦容量變大，就可以把好友的人數增加到十五人。這樣的人數參加一場晚宴派對剛好。

然後，你的好友人數以十五的倍數增加，直到一百五十人，這是任何正常人在人際關係方面能夠應對的絕對上限。這個上限也就是所謂的「鄧巴值」，很多組織在設計專案團隊時，都以鄧巴值做為團隊成員人數的上限。

但就我的經驗來說，這個數字太多了。我認為在孩童時期，理想的朋友數目是七。七的七倍是四十九，在我看來，這就是組織一個群體的人數上限。如果我要規畫自己的組織，我會以七的倍數為基礎。

七是完美的數字，任何群體，只要有七個人，就有所需的各種技能和才能，但七也夠小，如果七個人都留下來，就可能成為好朋友。

在我看來，在運動場上，最好的團隊也是如此，他們形同莫逆，憑直覺就知道隊友的位置，幾乎不用看就知道往哪裡傳球。

職場也是。最優秀的團隊是建立在友誼之上。每個成員喜歡彼此、了解彼此、互相信任、互相幫助。所以我鼓勵工作團體在下班後多社交，以加深對彼此的了解。

我也相信他們不需要職稱，因為他們都明白自己的角色及各自的職責。

我所知道最快樂的工作場所之一就是小學。在那裡，每一個孩子都很快樂，因為他們都是朋友。我的孫子、孫女告訴我，他們喜歡上學。我很驚訝。我說：「我小時候討厭上學。」但他們說，不，他們喜歡上學，因為朋友都在那裡。朋友在哪裡，你就會想去那裡。

因此，友誼是無價之寶。我希望你的朋友數量剛剛好，至少其中一個是真心好友。如果你不能跟他們住在一起，那就一起吃頓午餐吧。

第十八章

排水孔與電暖器

我跟老婆曾經為了消遣，把我們的朋友和認識的人分為兩類：排水孔和電暖器。電暖器是指能讓氣氛熱絡、讓生活變得更有趣的人，而排水孔正如同字面上的意思，這種人會耗盡我們的精力，讓人疲憊不堪。至於誰被歸為哪一類，這很有意思，而且出乎意料。

以比爾為例。此人以天縱奇才自居，但我們實則被迫一次又一次聽他講述無聊的故事和糟糕的笑話，到了苦不堪言的地步。其實，他就是一個無聊的人，排水孔型的人物。反之，湯姆幾乎沒說什麼話，但他性情開朗，他的快樂能感染每一個人，讓大家不知不覺感到輕鬆多了。他就是典型的電暖器。你不會注意到電暖器，因為它們通常與牆壁的顏色相同，但它會默默的發熱，改變房間的感覺。

湯姆就是這樣的人。他是怎麼做到的？

差不多在那時候，我跟一個朋友聊天。他是知名劇場導演。我問他：「當導演的祕訣是什麼？」他答道：「喔，就兩個字：『關注』。」

我想：「這說得更像是人生的道理，而不只是導演戲劇。這就是湯姆的魅力：他會關注身邊的人。」湯姆來我家時，似乎全神貫注傾聽我說的每一件事。聽我老婆談她的攝影，他一樣專心。當然，老婆說的我都聽過了，但他讓她綻放光彩；看她散發光與熱，真是一種享受。湯姆不說一個字，只是凝視和聆聽。

我想學湯姆，但這真的很費神：傾聽，尤其是當你真正用心去聽的時候。就像閱讀這篇文章，然後認真思考，確實很累人。如果我讓你昏昏欲睡，我不會道歉，因為這不是我的錯，思考和專注本來就是一件累人的事。

所以，你可以盡情決定誰是排水孔，誰是電暖器，但可別告訴當事人。他們不會了解的。然後決定你想成為哪一種人。恐怕你會有點像排水孔。我知道，我常喋喋不休說些瑣碎的想法，但事實上，我最好的靈感有些是從別人那裡聽來的。如果我真的把注意力放在別人身上，並少喝點酒，我應該能經常得到啟發。

此外，有時我也會透過與人交談來教育自己。比方說，我的英雄、我的榜樣彼得．杜拉克（Peter Drucker）是管理思想大師。他住在加州。「彼得，」我曾問他：「你到底是從哪裡獲得這些想法的？你真是滿腦子真知灼見！」「啊，」他說：「我都是透過傾聽……（停頓了好一會兒）傾聽我自己。」

我一開始心想：「這個傲慢的老傢伙！」然後，我發覺我自己正是如此，只是我認為這是我的愛爾蘭血統使然。愛爾蘭人有句諺語：除非聽見自己說了什麼，否則怎麼知道自己在想什麼？有趣的是，你會經常發現自己竟然說出非常有智慧的話，連自己都感到驚訝。

因此，在你最瘋狂、忘我的時候，把注意力放回自己身上：你可能說的是智慧之語。只要你專心看別人在做什麼，也能成為電暖器般的人。如果你傾聽自己的話，甚至可以教育自己。除非聽見自己說了什麼，否則怎麼知道自己在想什麼？試試看吧。

第十九章

跟中國人簽約

五十年前，我是殼牌石油位於馬來西亞南部麻六甲分部的分公司經理。我的職責是與當地的代理商，也就是在我負責區域內經營加油站的人，簽訂交易條款。當時我還沒有與當地最大的代理商談判，這位代理商叫阿洪，他經營的加油站位於我居住的麻六甲鎮，那是個風景如畫的地方。

我跟阿洪是好朋友，所以我認為這次簽約應該沒問題。他了解標準條款，也沒有跡象顯示他有意見。不過，我們還是得好好談談。因此，我在一個下午去了他那個採光良好、可以俯瞰大海的辦公室。我和他討論每一個細節。中國人天生是商業人才，所以我知道我得給他一點好處。我延長他的付款期限，他很高興。但在銷售折扣方面，我毫不讓步。

最後，我們各自做了一點讓步，也或多或少得到自己想要的東西，因此達成協議，雙方都很滿意。我們握手。他拿出一瓶白蘭地和薑汁汽水，我們為未來的共榮乾杯。然後，我拿出殼牌公司要求我們雙方正式簽署的代理協議，大約有三頁，上面印滿殼牌公司的標誌。我填入我們剛剛協商好的數字，請他簽字。

他看了這份協議，又看看我，問道：「這是什麼？」我回答說，這就是我們討論的代理協議，他只需要簽字就行了。阿洪說：「嗯，我不太想簽這個。這讓我覺得你認為你們談到更好的條件，想用法律來強制執行。在我看來，這破壞了我們的信任關係。」

「我了解，」我說，「我會把合約帶回吉隆坡，向我的上司反映，但同時我也必須請你簽署這份協議。這只是個形式，是殼牌公司的制式流程，跟你我的關係無關。當然，我信任你。」

阿洪說：「在中國，我們不會用這種東西。我們認為雙方都滿意，協議才能長久。我們雙方都必須覺得從中得到自己想要的東西。」

我回答：「是的，你說的沒有錯，不過，我們不是都得到自己想要的東西了嗎？」

他說：「話雖如此，但是從你拿出這份文件來看，你們認為自己占了上風。我為什麼要相信你？」

我懇求他別讓這件事影響我們的良好關係。最後，阿洪勉強簽了字，我把合約拿給我的上司看，並告訴他們阿洪說的話。

後來，每次我與孩子協商什麼時候該吃飯或上床睡覺時，都會想起跟阿洪簽約的事。直到現在，每次我與任何人爭論任何事情，仍然會想起這件陳年往事。如果雙方都認為自己贏了，就更有可能達成協議。

所以，「付出才有回報與信任」是我人生的座右銘。我相信這讓我擁有幸福美滿的婚姻，我想我老婆也同意。先給後得，相互信任。不要依賴簽名或法律。如果你必須請律師出馬，就代表出了問題。

祝你順心如意，不必經歷太多難纏的談判。萬一你真的跟任何人發生爭執，務必讓對方獲得的好處跟你一樣多。而且，你該信任他們。如果你不能信任他們，代表他們得到的好處不夠多，那就給他們更多好處吧。

祝你好運。信任滋養關係，而關係價值連城。

第二十章

消除成見

多年前，我去美國波士頓進修。開學第一週，我們這十二個新生一起參加說明會，目的是讓我們互相認識，幫助每一個人適應這個陌生的新世界。

於是，我們坐在那裡討論課表、談我們的期望、說自己來自哪裡、希望從這門課學到什麼，以及未來的方向。這一切讓我們獲得非常豐富的資訊。五天後，教授說：「好，到現在，你們相處快一個禮拜了，我想了解一下你們對彼此的看法，應該能帶來一些有意思的見解。所以，拿一張紙，在最上方寫下你的名字，然後傳給下一個人。請在每一個名字的下面寫一、兩個詞，描述你對這個人的印象。」這個練習可能會讓人覺得尷尬、不安，但我沒什麼好怕的。畢竟，在這個國家，我是陌生人，我的話很少，我相信我那張紙應該會是空白的。

至少，我是這麼想的。

結果讓我出乎意料！我看到「查爾斯・韓第」下方有二十條評論：傲慢、粗魯、高傲、不友善、勢利、上流社會、自以為高人一等，諸如此類。

「他們說的不可能是我吧？」我對自己說。「我知道這是怎麼一回事了。由於口音的關係，他們認為我是英國人，這就是他們對英國人的刻板印象。於是，他們用這樣的印象來為我貼標籤。」我氣得跳了起來，拍桌子怒吼：「我不是英國人，我是愛爾蘭人，聽到了嗎？我是愛爾蘭人。英國人征服我們，或是試圖征服我們。我跟你們一樣討厭英國人。」

自此之後，我加入任何新團體，都小心翼翼，盡可能在第一時間告訴他們我是愛爾蘭人，不是英國人，否則他們會把對英國人的成見毫無道理的加在我身上。至於我的同學，我對他們說：「我知道你們是因為我的口音而評判我，但請試著聽聽我到底在說什麼。我就是我，我是查爾斯・韓第，請忘記我來自哪裡。我代表我自己，我不接受別人的指揮。」時間久了，他們開始喜歡真正的我

（希望如此），而不是操著怪異口音的英國佬查爾斯，或是不太像愛爾蘭人的愛爾蘭人查爾斯。

我有多成功？我不知道，至少我的朋友都了解真正的我，不會被刻板印象誤導。對於其他人，我也盡量不把數百年來累積的成見套在他們身上。我會努力發掘每一個人的特點，了解他們的價值觀，以及他們想為這個世界貢獻什麼。如果我做得到，似乎就能交到一輩子的朋友。

第二十一章

別築起一道高牆

我一直認為隱私是基本人權。然而，我在義大利托斯卡尼住了一陣子之後，這個觀念有了改變。我們住在一個很大的公寓區，擁有私人庭院。

一個夏日，我在太陽底下曬了一整天，拖著疲憊的身子回到家，發現一對盛裝打扮的新婚夫妻站在我們的小草坪上拍照。

我火冒三丈。他們怎麼膽敢如此侵門踏戶？我怒氣衝衝的進到屋內拿棍子。我那好脾氣的老婆急忙喊道：「別生氣，他們剛結婚。」

「也許吧，」我回答，「但他們就站在我們的草坪上。」

我衝了出去。新郎比我高得多，以流利的英語對我說：「如果你覺得受到打擾，在此向你致歉，但我看得出來你是英國人，可能不了解義大利的法律。在義大利，土地屬於每一個人。你可能擁有一塊土地，但不能阻止他人通行。因此，不管你是否願意，我們還是要待在這裡。如果你覺得我們打擾到你，抱歉，但在義大利就是這樣。」

這時，我老婆一直在廚房忙。她看到我進屋，告訴我：「我不是說了？要對人家好一點。我來切蛋糕，你去開香檳。」

我照她的話做，把高腳杯放在托盤上，端出酒為他們慶祝。儘管新娘的英語不流利，我的義大利語也不靈光，但我們聊得很開心，這應該是香檳的功勞。我們舉杯祝賀，把酒言歡。他們離去時意猶未盡，因此新娘邀請我們禮拜天去他們家一起吃午餐。

在托斯卡尼，家庭週日午餐是個重要儀式，至少有五道菜可以大快朵頤，並一起暢飲當地盛產的奇揚地（Chianti）紅葡萄酒。對外國人來說，能受邀參加家庭週日午餐，真是莫大的榮幸，因此我欣然接受。畢竟，能與當地人家結緣，也是一大樂事。

那個禮拜天我們依約前往，這才發現新娘的父親是當地的警察局長，這可能是未來很有用的人脈。至於午餐，自然是美味極了。總的來說，這是一次難得的經驗。

正如我老婆在回家路上說的：「你不覺得我們過度重視隱私權了嗎？我們在這裡認識一個很有影響力的家庭，一起度過美好時光。」沒錯，我確實認為隱私有時被過度看重了。如果你過度追求隱私，就會在自己周圍築起一道牆，與這個世界隔離。你製造敵意，也許還有懷疑或嫉妒。換句話說：弊多於利。

第二十二章

節禮日的起源

多年前，我們的聖誕節慶祝活動必須全部重新安排。由於十二歲的兒子是教堂合唱團的領唱，聖誕節那天他有滿滿的教會服事得做，所以我們決定將那天完全奉獻給宗教儀式，把節禮日（Boxing Day）作為家人團聚和交換禮物的日子。

因此，我們聆聽一整天的聖誕頌歌，唯一讓人欣慰的是唱歌的是我們家的小寶貝。接著，我們一家滿載禮物，驅車前往位於諾福克的家。

到了那裡，大家擠進廚房。烤箱開始運轉，一道道好菜陸續準備就緒，禮物也都堆放在聖誕樹下。我們的聖誕節慶祝活動就此展開。

最後，我們覺得這樣的安排很好，先完成宗教儀式，就不至於為了聖誕大餐分心。大功告成之後，就可以毫無負擔的盡情慶祝了。

但與記憶中的遙遠時光相比，感覺好像還是少了點什麼。我兒時的家在愛爾蘭，我們住在牧師宿舍。那時的節禮日，我們會把裝了食物、蔬菜、巧克力和柳橙的紙箱送到都柏林的貧困教區。這些禮物都是富有的農民提供的。

大人叫我捧著箱子到一戶人家的前門，按鈴。我帶著尷尬的神情把箱子送上去。我想接受贈與的人應該非常感激，雖然他們只是點點頭，咕噥一聲「哦，謝謝」就收下來了。不過不管如何，我們還是很高興。

在英國，節禮日最初是指打開教堂募捐箱的日子。民眾在一年當中把捐款投進箱子，教堂會在這一天打開箱子，把錢分給教區的窮人。愛爾蘭的節禮日也是遵循相同的原則，只是我們給的是食物，不是現金。

我在想，我們是否應該調整一下優先順序：聖誕節用於宗教儀式，節禮日則為窮人準備食物箱或現金，最後再為自己安排一頓慶祝大餐。這樣不但功德圓滿，又可以大飽口福。

輯三 工作生活

第二十三章

兩種自由

我非常清楚那個念頭襲上心頭的那一刻。當時，我住在馬來亞南部、廝六甲附近一個可愛的小鎮，正和駐紮在該地的軍人朋友在家裡打橋牌。我住的地方是一棟相當漂亮、充滿殖民地風格的房子。但我突然發覺：這不是我想要的生活。

那時我在當地的殼牌石油擔任經理，但我的工作其實只是跟大客戶保持友好關係。這些客戶不是橡膠園主，就是政府官員。這代表我得一天到晚邀請他們參加晚宴，或是跟他們在沙灘上共進午餐。日日杯觥交錯，大啖美食，豈不快哉？殼牌石油是寬厚的雇主，保證我這輩子可以在全球許多風光旖旎的地方工作，薪水優渥，退休之後還能領到豐厚的退休金。

但我被困在一個舒適的牢籠裡。我想到以賽亞・柏林（Isaiah Berlin）。柏林是個相當了不起的牛津大學教授，但他有點神祕，平常不怎麼教書，寫的書也不多。但他偶爾會出現，戴上他所謂的「智慧眼鏡」，用深刻的視角聚焦於人性的某個層面，然後寫成短文。他的文章經常會徹底改變我對事物的看法。

柏林有一篇探討兩種自由概念的文章，對我的影響尤其深刻。一種是「消極的自由」，也就是不受外力干涉的自由，另一種是「積極的自由」，意指做自己的主人。在那一刻，身在馬來亞的我，過著舒適的生活，養尊處優，享受免於恐懼、貧窮、憂慮的自由，而且不受任何壞事的侵擾。我知道殼牌會好好照顧我。問題是，我幾乎沒有「積極的自由」。

我應該管理我負責的部門，但所有事情都受到控制，我根本做不了主。我可以提出建議，但不能決定任何事情。這家公司的運作依賴無數的規定與流程，即使沒有我，我在麻六甲的團隊也能處理好所有事。

我的工作就是跟大客戶應酬，不斷為他們倒酒。這不是我追求的人生。所以，我有免於憂慮的自由，但沒有自己決定要做什麼的自由。我有如一個自願受縛的囚犯。

那年晚些時候，我辭職回國。我記得第一天晚上和老婆坐在家中，她拿出一瓶香檳，為我祝賀，說我終於得到「真正的自由」。

我對她說：「但我的資歷只能去預備學校教小男孩拉丁文吧，這不是我想做的事，而且他們給我的薪水只夠養活我們的狗，我倆恐怕要喝西北風囉。」

她說：「我一直希望嫁給寫書的教授，你何不試試？」

我答道：「好吧，我可以試試，但我實在想不通，我怎麼教一門我根本沒鑽研過的學問。而且，錢從哪裡來呢？」

她說：「我們可以省吃儉用，只要一點錢就能過日子。」我說：「好吧，至少我們得有足夠的錢餵飽我們的狗。」

最後，在她的幫助下，我在倫敦商學院找到一份教書的工作。我確實寫了一本書，然後又出版很多書，但這花了很長時間。我經常想起我在殼牌石油的生活。為什麼我不能滿足於這種愜意的生活：享受燦爛的陽光、舉辦晚宴、打高爾夫球、看書，以及跟朋友喝酒？

基於某種原因，「消極的自由」對我來說並不夠。我的孫子孫女正值青春年華，我跟他們討論未來的情景時，我告訴他們：選擇一份有終生保障的工作、擁有「消極的自由」是誘人的，但你會和當年的我一樣，陷入沮喪，因為在內心深處，你其實想要追求「積極的自由」：去做更適合自己的事。這個選擇可能會讓你賺不到期望的薪水，無法給孩子最好的教育，買不起你另一半喜歡的房子。但從另一個角度來看，無論如何，你都會因為做自己真正相信的事而感到滿足。

柏林教授的觀點是，你不能兩者兼得，你必須選擇。如果你在壓力之下選擇「消極的自由」，最終可能會覺得沮喪。反之，如果你選擇追求「積極的自由」，可能必須說服自己得安貧樂道。

我把柏林教授的想法傳授給你們。抱歉，你們得自己選擇，我無法提供解決方案。

第二十四章

費用，還是工資？

有兩種方式付錢給為你工作的人。你可以支付工資，也就是買下他們的時間，告訴他們在這段時間內該做什麼。或者，在工作完成、交給你之後，你支付費用。

比方說，我家請了個打掃阿姨，我付她工資。她到我家的時候，我會告訴她，我希望她做什麼。其實，她大部分的時間都花在跟我一起喝咖啡。這是我的特權，我要求她陪我喝咖啡，而且我希望這樣，她也高興這麼做。

不過，我的律師則是另一回事。他早上打電話來，跟我討論我的遺囑，然後說道：「我會寄一份帳單給你，因為我昨天花了大半天的時間，研究你為狗做的安排是否合乎法律規範。」

「不行，」我回應，「遺囑寫好、交付時，我再付款給你。什麼時候寫，以及怎麼研究，你自己決定。話說，我正請人在我的書房做一個窗戶，我可不希望建築工人做到一半就給我一張帳單，要我先付測量窗戶尺寸的錢。這筆錢應該包含在最後那張帳單裡。代書遺囑也一樣。你交付給我的遺囑讓我滿意，我就會支付費用。」

他不了解，但我堅持這麼做。

在後疫情世界，愈來愈多人在家工作，無人監督，因此你無法得知他們的工作情況，甚至不知道他們是否真的在工作。這正是這種新的工作方式美妙的地方：每個人都能自由選擇自己喜歡的工作時間，他們可以在深夜或清晨工作，或者像我一樣，躺在沙發上思考。

但你仍然必須明確指出他們必須完成的工作為何，以及交付時間，並且獲得他們的同意。他們給你的帳單可能包括耗費的工時，但這取決於他們。他們也可以不收鐘點費，但針對他們提供的智慧和專業知識，收取很高的費用。

有一位藝術家每小時收費五百英鎊，為客戶畫肖像，但卻被客戶告上法院，說他斂財。藝術家解釋說：「鐘點費是五百英鎊沒錯，但背後是我一輩子的經驗與嘗試。」

我向客戶收費也是秉持這樣的原則。他們購買的是我從很多錯誤中累積而來的經驗，我稱之為智慧。

所以，你請油漆工來粉刷房子，你會在工作完成後支付費用，但這代表如果你發現他們跑到花園裡打電話給朋友，沒在粉刷，你沒有權利抱怨。如果你希望他們一直工作，就必須支付工資，但你也得在現場監督，注意他們上下班的時間，這實在太浪費時間。

在家工作最大的樂趣是可以自由做你喜歡的事，而且想在什麼時候做都可以。你把這些都納入費用計算當中，這樣雙方都能皆大歡喜。

因此，請想清楚，你想支付給油漆工的是費用，還是工資。如果你支付的是工資，監督工作就是你的責任。如果你支付的是費用，但你不喜歡對方交付的成品，就不用付款。

費用還是工資，你自己決定吧。

第二十五章

創業風潮

最近，失業率再次飆升。這個壞消息讓我想起，上次出現這麼高的失業率已經是四十年前的事。當時我剛出版一本書，名為《工作的未來》（*The Future of Work*）。BBC正計畫製作有關這個主題的報導。來採訪我的記者安德魯・馬爾（Andrew Marr）那時還是個小夥子。

我在書中論道，目前就業市場僧多粥少，很多人都找不到工作，但這個世界仍有堆積如山的工作沒有人做。我們應該找出這些工作，開創自己的小企業。我提到，這已經是現在進行式。我認為，在二十年內，自行創業者將遠比失業者還多，如此一來，問題就解決了。

安德魯專心的聽我說，但我愈說，他愈露出不可置信的樣子。他在採訪的最後總結說：「這是查爾斯・韓第的看法。他相信自行創業的人數將超過失業人數。但在我們談話之際，我向窗外瞥了一眼，看到一群豬正從空中飛過。」

換言之，他認為我說的是天方夜譚。

當時，我想安德魯的評論也許沒錯。我思忖過去，我何其有幸在殼牌石油國際公司獲得一份安穩的工作。我記得當時殼牌面試小組對我的學位明顯不以為然。（他們認為這個學位只是代表我有一個善於組織的腦袋，但這顆腦袋空空如也，需要填充一些有用的東西，例如化學或經營企業的基本知識。）然而，我一提到我放假時做了什麼，他們就眼睛一亮，顯得興致勃勃。

我說，我曾用一台二手阿達納（Adana）印刷機和兩盤金屬活字，在自己臥室搞起小型印刷業務。我幫大學朋友的父母印製信箋抬頭和邀請卡。這門小生意還不賴，儘管沒讓我變得富有，但跟朋友喝酒的錢倒是夠的，我的牛津歲月因此更加歡樂。我看得出殼牌面試官在想：「啊哈！這小子有商業頭腦，是有潛力的企業家，我們需要更多這樣的人。」他們面帶鼓勵的笑容，請我去他們位於新加坡的分公司上班。一年後，我就走馬赴任。

當然，我去了之後發現被綁手綁腳，無法施展。

雖然我擔任要職，領了兩年高薪，但我依然只是大型官僚機構的一個齒輪。我懷念經營自己事業的自由。於是，我離開殼牌，踏入學術界，成為一名教授，也曾經在幾個英國教會組織工作了四年。

我以為在教會組織工作會讓我自由，給我創新的空間。遺憾的是，我發現教會組織和殼牌石油一樣陷入官僚主義，工作人員的目標似乎就是千方百計阻撓我提出任何跳脫框架的思考。

最後，在老婆的支持下，我決定實踐我宣揚的理念：我放棄薪水和免費住房，成為自由撰稿人和演講者。

這下子好了，沒有工作要比自由接案的演員或作家更不穩定的了。雖然一開始很辛苦，但一段時間之後，我漸漸愛上這種生活。老實說，我現在賺的錢要比殼牌付給我的錢更多。

因此，我鼓勵各位試著闖一闖。一旦開始行動，我可以向你保證，外面的情況沒有你想的那麼可怕。然而，如果你已經超過四十歲，建議你還是先還清貸款再行動。以防萬一。

我認為創業風潮必然再起，愈來愈多人將發現為自己工作其樂無窮。你不需要有老闆。請你務必試試。

第二十六章

拜拜，朝九晚五；哈囉，牛津時間

近來，愈來愈多人習慣在家工作，我稱這種工作模式為「自我充電」。他們可能很習慣這麼做，以至於不願回到過去那種固定的上班方式。

其實，長久以來，我一直按照我所說的「牛津時間」工作，但更準確的說，應該是「軍隊時間」。

這源於我當年在倫敦商學院工作的時候。一天，老婆要我回家跟岳父共進午餐。他是退役上校，一位略顯威嚴、教人望而生畏的人。於是我說：「當然可以」，那時我還是個聽話的老公。

我在十二點半左右回家。到了兩點，我向岳父告辭。我站起來，說道：「非常抱歉，但我必須回辦公室了。」上校眉頭低垂，目光從下方射向我。

「老天，」他說，「你該不會是說你下午還得工作吧？」

他接著解釋，在軍隊，他們都很早起，上午進行軍事訓練，或是其他計畫要做的事，午餐會喝幾杯杜松子酒，下午騎小馬、做點體能訓練或參加體育競賽。晚上則在軍官俱樂部社交。他認為這樣的生活非常均衡。於是，我採行這種生活方式：上午工作，午餐時小酌一杯，下午運動（雖然現在多半只是在花園裡散步）。晚上社交，但不像以前那麼熱衷。

我發覺這種做法很不錯。由於我沒待過軍隊，所以稱這種生活方式為「牛津時間」，因為我們在大學多半是過這樣的生活：上午工作、下午運動、晚上社交，最後入睡，第二天早上再回去工作。

這麼做很有道理，可以讓人擁有均衡的人生，在此推薦給各位。如此一來，用不著岳父叮嚀，我也會挪出足夠的時間，照顧他的女兒。

第二十七章

重新思考工作時間

我愈來愈不喜歡由他人來安排我的生活。你知道這種工作型態：一個禮拜工作五天，週末休息兩天，一年十五天假。瞧，世界被分割成這樣，工作的時間太長，休息的時間太短，我要怎麼生活？於是，我做了點心算。根據我的合約，如果把這些休假時間和法定假日加起來，每年有超過一百天是屬於我的個人時間，全部有薪，而且就像我說的，這些時間被分成週末休息日、工作日和假期。

所以，我說我想每週休假一天，通常對我來說休假日是星期一，但也可以調整，把沒用到的每週休假日存起來。這樣我就能累積足夠的假期，一次休假十天，出國到另一個城市遊玩享樂，恢復精神。我開始實施這個新的做法，我稱之為「時間分塊管理」法，我覺得自由，我掌控自己的時間，也就是我最寶貴的資源。當然，我必須用有意義的工作來填滿非休假時光，但正如亞里斯多德所說，在你處於最佳狀態、為他人的利益而努力時，你會覺得最快樂。這正是我想做的。因此，我要控制自己的時間，掌握幸福。

那麼，為什麼大多數人不這樣做呢？為什麼我們要接受社會把我們的生活分成工作和娛樂？為什麼我們要遵循社會期待的方式、而不是按照自己喜歡的方式生活？

是的，我完全支持「時間分塊管理」法，無論是時間安排還是其他方面。我分塊管理時間，有時我在鄉下冥想、寫作，有時則在倫敦社交和參與文化盛事。我和老婆過去也會分塊管理家務，我們住在鄉下時，我負責家事和烹飪，這一塊是我的，在倫敦時，則由老婆負責家事，這一塊是她的。我們滿心歡喜的互相較勁，看誰的廚藝更勝一籌。

所以，朋友們，請隨心所欲「分塊管理」你的生活吧。生活是你的，你得好好掌控。

第二十八章

善良是種商業資產？

善良是美德，還是弱點？我在愛爾蘭鄉下的牧師家庭中長大，從小父母就教導我，要善待比我不幸的人。如果門鈴響了，父親會說：「一定要開門，站在門口的人可能就是需要你幫助的人。」我贊同這種態度，而且深信不移。

我的朋友葛伊・哈斯金斯（Gay Haskins）最近出版一本書，名為《領導中的善良》（*Kindness in Leadership*），因為她認為領導階層特別缺乏這種特質。不過，我的親身體驗告訴我，把善良與領導力結合起來，不像你想像得那麼容易。

我最初在殼牌石油走馬上任，在婆羅洲分公司當管理者時，對我領導的小團隊非常親切、友好。我在新加坡的上司對我這種做法不以為然。他們認為我就像傳說中的中國將軍，據說他告訴士兵：「我是你們的領導人，我就在你們身後。」「你太相信自己的聰明才智了，」上司告訴我，「領導不能一開始就屈居劣勢，更不能躲在幕後。你必須走在前面，以身作則。決定差異的是品格，而不是聰明才智。」

嗯，顯然我做得不好，因為兩年後他們就把我送回倫敦。後來，我全心投入寫作，描述那些確實能結合善良與領導力的人，以及應該這樣做的人。坐在扶手椅上當然要比一開始就屈居劣勢舒服得多。當然，現在我會說，拜登似乎是個不錯的政治家，而且人很善良。「善良，但是乏味，」我的美國朋友會這麼形容他。而且，幸運的是，他做得愈少，說得愈少，大家似乎就愈喜歡他。善良一直是他最鮮明的特點。

我非常贊同葛伊的看法，管理階層的確應該更具有善良的特質，而如果善良能帶來更好的商業回報，那就再好不過了。可惜證據不一定能支持我的期望，至少從近年來美國兩位企業管理大師：奇異執行長傑克・威爾許（Jack Welch）和蘋果的賈伯斯（Steve Jobs）的例子來看，並非如此。

威爾許領導的奇異公司，曾經是美國製造業中規模最大、利潤最豐厚的企業。威爾許裁撤大量員工，卻能絲毫不損及企業的運作結構，因此獲得「中子傑克」的稱號。他很愛自己訂立的「十分之一規則」：在任何部門，獎勵或提拔排名前百分之十的員工，解雇最後百分之十的員工。他說這能讓員工保持警覺。然而，讓人長期繃緊神經、提高警覺不是一件好事，也不仁慈。幸好被他解雇的人很快就被競爭對手聘用，競爭對手希望這些人能帶來「中子傑克」在管理上的一招半式。

還有賈伯斯，全世界都知道跟他共事有多難，任何不同意他的人都會慘遭他的修理、霸凌。但他確實也是個天才。正如他所說，他的想像力、他的想法，以及他的產品終將改變地球上每個人的生活和工作。有人告訴我，在蘋果工作很令人興奮，只要不要靠近他本人。但以我的經驗，「令人興奮」不是一種輕鬆或有趣的生活方式。

我在殼牌的上司希望我像第一次世界大戰中的中尉，在敵人砲火的攻擊下帶領我的士兵離開戰壕，腋下夾著一根小木棍作為權威的象徵，弟兄則跟著我走向死路。如果這是善良，那絕不是我認為的善良，你的建議我心領了，謝謝。

那麼，這為我們帶來什麼啟示？其實，你就是你。有些成功的領導者會善待他人，有些則不然。我本來就是個善良的人，正如我一開始所說，這是我的成長方式。我會說，看到一個人倒下，把他扶起來，給他一塊麵包，讓他上路。幫助他擁有遠大的抱負，讓他盡己所能，發揮最大的潛力。

經營一個組織是為了他人的利益，而不是為了自己。我認為這就是最重要的一點。己所不欲，勿施於人，公平對待人們。為處境比你更困難的人服務。教你的孩子對不幸的人慷慨，別嫉妒條件比你好的人。

總之，在一個組織當中，我寧願做一個善良的人，而不是嚴厲的人，尤其是這種嚴厲意味著帶領你的部隊走向死亡。

第二十九章

卑微者的力量

《經濟學人》上的一則報導讓我想到，即使是最卑微的人，也擁有比想像中更強大的力量。這篇文章描述一位住在埃塞克斯（Essex）的居民，如何阻止沿岸地區風力發電場的規畫許可。

他說，這個計畫被中止，是因為他抱怨政府的評估報告沒有考慮到風力發電場會影響他的視野。

因此，一位居民就能阻止一個巨大風力發電場的興建計畫。這則新聞有振聾發聵之功：即使是最微不足道的人，也有能力改變局面。例如，你去一個機構，櫃檯的接待人員可以不幫你聯繫你要見的人。公車司機可能因為心情不好，在雨天拒絕開門讓你上車。

我也做過類似的事。當時，我在殼牌石油總部、聽起來很氣派的「歐洲區行銷部」工作。我要做的只是把各個歐洲分公司的文件轉發到正確的部門。其實這個差事與郵務工作差不多，但聽起來很體面。

不過，我發現我確實擁有很大的力量。記得有一家義大利公司提交申請，要在那不勒斯灣的龐貝遺址附近興建煉油廠。想到如此寶貴的歷史遺址會被一個龐大的工業園區掩蓋，我就滿腔怒火。於是，我採取行動。我無權批准或拒絕這個申請案，而是應該把案子轉給董事會，由他們決定批准與否。但我發覺我可以做點什麼，我就做了。我把那十頁提案撕碎，扔進垃圾桶。

好吧，後來那家義大利公司的董事長直接打電話給殼牌董事長，最後如願以償。然而，我還是成功阻擋那家公司三個月，使龐貝古城和迷人的那不勒斯灣暫時免於受到煉油廠汙染。我晚上回家，心中充滿有所作為的感覺。我帶來改變，一個正面的改變。

然而，如果是負面的改變呢？無論一個人在組織中的地位多卑微，都有能力改變局面。有時，有人這麼做，只是因為他們厭倦這個世界，或是因為有人對他們無禮，有時則只是因為頭痛發作或是天氣壞得令人鬱悶。

在組織當中，要避免人們帶來負面改變，唯一的方法是讓每一個人都有能力產生正面影響，而不是負面影響。給他們自由去創造正面的價值，否則他們可能為了省事，選擇做出負面的改變。

所以，請想想：在你的組織中，負面力量的根源是什麼？什麼樣的條件能讓人決定不使用這種力量？如何才能感覺擁有正面力量，而非負面力量？你的員工呢？他們擁有的是正面力量，還是負面力量？請好好思考這個問題。

第三十章

我的孫子與海軍陸戰隊

我還記得看我小孫子學騎腳踏車，看他一再摔倒，我實在心疼。幸好，他是摔在草地上。他不斷爬起來，再試一次。

最後，他告訴我：「爺爺，請你走開，你會讓我分心。我想自己練。」

我說：「你說得對。錯誤不要張揚，成就公開炫耀。」

有趣的是，這件事讓我想起美國海軍陸戰隊的運作方式。每次訓練結束之後，他們都會舉辦一場遵循特定規則的檢討會議。其中一條規則是保密，會議室裡的談話不得外傳，如果洩漏，必遭重罰。第二條是，談話不會留下任何紀錄。這兩條規則的目的是鼓勵開放與誠實。

第三條規定是，不應該責備或訓斥在訓練過程中所犯的錯誤，就算是同袍之間開玩笑也不行。

因此，坐下來開檢討會議時，每一個人都會承認自己犯了哪些錯。沒有人責怪他們。大家進行討論，從錯誤中學習。他們的人事檔案裡不會記載可怕的重大失誤，只有成績和榮譽。

我在殼牌石油工作時，公司認為訓練沒什麼用。儘管你才三十歲，他們還是會直接把你丟進深水區，讓你在某個遠方國家擁有獨立指揮權，即使你出錯，也沒有人知道。你在那裡至少待上十年，總部的人才會過來看看，所以你不但有很多時間修正自己的錯誤，還能拿出一些成就，向老闆邀功。我當時就是這樣。

殼牌的做法和海軍陸戰隊截然不同，幸運的是，對我來說結果是一樣的。因此我的檔案裡沒有記載我的可怕錯誤，只記錄我在提升公司銷售業績方面的出色表現。

讓我驚訝的是，我發現大多數的組織不會仿效海軍陸戰隊。很多人因為害怕被責罵或受到嚴厲懲處，不承認犯錯。有時他們會把錯誤歸咎給別人，或是找其他藉口來掩蓋自己的過失。事情可能變得一團糟。

然而，如果一個人能在樂於承認犯錯的環境中工作，就能討論事情為何會出錯，並聽取他人的意見，從錯誤中學習……最後必然有可以公開炫耀的成就。

就像我的孫子。

願錯誤也能為你帶來好運。

基層決定原則

基層決定原則（subsidiarity）是個非常重要的字，這個字很長，源自於拉丁文。請說出來，好好記住這個字，並拼寫出來。你可以說，這是一個用長字表達的簡單理念：「授權」，但更重要的是，這個原則是天主教社會教義的一部分，表示如果更高層級的權力機構越權，做出本應由更低層級、更接近行動現場的組織所做的決定，就是不道德的行為。

例如，政府不應該對教師下指導棋，告訴他們如何教幼兒閱讀，那是教師的工作；如果教師無法勝任，就應該接受培訓，但政府不應該干涉教師的工作。

在新冠疫情後期，英國政府即實行基層決定原則，告訴民眾自行決定是否在公共場所佩戴口罩，以及是否在室內或室外與人會面。這麼做很正確，不過我想英國政府可能不知道這是一個有關道德的決定。我們不該剝奪他人選擇的權利，這點非常重要。

我記得很清楚，約莫在我十歲時，父母說我可以自己走路回家。那只是愛爾蘭鄉間的一小段路，不到半英里。我暗地察覺父親偷偷騎腳踏車跟在我後面。但無論如何，我是自己走回家的，下午茶時間還有一個特別的蛋糕。

輪到我的孩子上學時，那時我們住在倫敦，我和我太太允許他們自己坐公車。但是為了以防萬一，我們在孩子身上繫了一張標籤，上面寫著我們家的地址和電話號碼。他們安全而且準時回到家時，我們也準備特別的蛋糕獎勵他們，因為他們自己做出決定，而且承擔了責任。

日子就這樣一天天過去。等到他們長大成人，開始交男女朋友時，做父母的我們小心不干涉他們的決定和選擇，儘管我們很想介入。

後來，他們有了孩子，我們也常忍不住想告訴他們，孩子要怎麼教，但我們必須克制自己，謹記剝奪他人的責任或選擇是不道德的。

如果每個人都能處理自己的事，自己做決定，這個世界將會有趣得多。如果每一個人都能做好自己的事情，這個世界將充滿生機，每一個家庭都活力蓬勃。

當然，身處權力中心的人總是想掌控一切，但應該讓他們知道，偷走別人的選擇和決定是不道德的。做選擇是成長和發展不可或缺的一部分。當然，你可以徵求意見，但最終的責任還是在你身上，你自己做決定。這也是經營企業和家庭的最佳之道。

我和我太太訂立一條規則：除非孩子要求，否則不要給他們建議。當然，有時候我會發現自己對他們說：「如果你想知道我的建議，我會告訴你……」，接著，我太太會盯著我，我就知道要閉嘴了。

確實，有時人們喜歡別人告訴他們該怎麼做。就像新冠疫情初期，很多人希望政府提供指導方針。但總有一天我們必須承擔責任。我認為，不承擔責任與逃避責任，同樣是一種罪過。

因此，在生活、家庭和工作中實踐基層決定原則吧。你會驚嘆人生好精彩！

第三十二章

我的夢想辦公室

近年來，我們試著把家裡變成辦公室。對某些人而言效果還不錯。但現在，我認為或許是時候該試著把辦公室變成家，不過這樣還是少不了繁瑣的家務雜事和干擾。

我說的家務雜事是什麼意思？首先，家裡的東西使用前後都必須清理乾淨。我太太過去總是把家裡那張桃花心木餐桌擦得光潔亮麗，現在這個差事落在我頭上，每一個汙漬都提醒我要處理這件麻煩的家事。至於干擾，對我來說主要來自幼兒和寵物。

那麼，我是否能與人來往，過得舒服，同時又可以把討厭的家務拋在腦後，免於干擾？我的祖先如何處理這個問題？當然，他們創造了紳士俱樂部，今天在帕摩爾街（Pall Mall）以及聖詹姆士宮（St James's）一帶，還看得到不少這樣的俱樂部。

最近，我在工作時出神，思緒跑到我的夢想辦公室。那地方看起來不像舊日殖民地風格的宅院，而是比較現代的建築，也許在東倫敦，因為那裡是新知識分子聚集之地。相較於傳統的直線設計，這棟建築呈現更多曲線之美，風格則是現代、簡約。那是個充滿吸引力的地方，一個你想要融入其中、渴望進入的空間。

你一走進去，發現到處是工作人員，跟家裡不同。你首先注意到這裡有很多房間，但房間不是分配給某些特定人士，門上也沒有標示姓名，而是根據不同的活動來劃分。有一間是用餐室，吃飯皇帝大，因此這是個重要場所。有一間是圖書室，藏書豐富，書架上擺滿各類書籍，還有大沙發和非常舒適的扶手椅，散發陳舊的書香，只要夠安靜，你不由得會被引入夢鄉。

這裡有許多間會議室，如果你想獨處，可以預訂私人辦公室。這裡還有一間非常先進的科技辦公室，提供便捷的電腦功能，一位助理會告訴你如何使用各種功能。有一間簡報室，供員工或客戶隨時使用。當然，這裡配備了最新的視覺輔助設備。一切都是最新穎的設計。

疲憊的通勤者或汗流浹背的自行車騎士可以利用這裡的更衣室和淋浴間。但最引人注目的是橫跨整個房間的餐飲吧檯，讓你愈來愈覺得這不是辦公室，比較像是機場航廈的頭等艙貴賓室。到處都有舒適的座位，周圍有一些工作站，但占據主要空間的是咖啡桌和巨大的取餐檯。

每天早上九點開始供應熱騰騰的免費早餐，鼓勵大家早點開始一天的工作。抵達之後，你從門廳拿起整晚在此充電的手機，並保證不會關機，因為那是你唯一的聯絡工具。

吃完早餐後，你可以好好計畫一天的工作。很多人會預訂辦公室，有人會出去會見客戶、承包商、規畫師、建築師等。還有一些人會在中午回家。每個人每週至少會有半天在家工作，當然，手機得保持開機。

在餐飲吧檯，取用酒精飲料必須付費或簽字。晚上，這個地方像是晚餐俱樂部，大家就像朋友一樣，在這裡大快朵頤、談笑風生。

這是個社交場所。一位資深合夥人坐在酒廊盡頭的玻璃隔間裡，偶爾出來喝杯咖啡，跟路過的同事或是想聊天的人輕鬆交流。一切都很雅緻、隨性，但也很簡潔、有效率。

那麼人們在這間辦公室通常會待多久？非正式的規定是，如果可能的話，所有會議都應該排在週三和週四，因此大家會選擇在一週的中間幾天進辦公室。然而，這裡太舒適了，又如此便利，因此隨時都吸引人過來，尤其是清晨和夜晚。

雖然我不期望工作的地方變成商務艙貴賓室，但我確實認為，老式俱樂部文化的元素將滲透到企業界，因為我們追求居家的舒適，但不想要繁瑣的家務和干擾。我們希望工作場所是個愉快的所在，讓人願意待在裡頭，但新的工作文化也允許你悄悄溜回家，如果那是你工作效率最好的地方。跡象顯示，我們正逐漸走向一個在家工作為主、偶而召開辦公室會議的未來世界，而具體的工作安排主要由我們自己決定。

在我看來，這似乎很理想。我不想成為人力資源，也不喜歡別人告訴我何時工作或如何工作。我喜歡在辦公室與同事交流、互助合作，也喜歡一個人在家工作。如果能同時擁有這兩者，我就心滿意足了。至於我的夢想辦公室是否能成真，且讓我們拭目以待。

第三十三章

做得更好，而非更大

我在加州納帕谷（Napa Valley）一家迷人的小酒莊。酒莊主人很友善，我們聊了起來。

我向四周張望，俯瞰山谷，放眼所及，盡是一排又一排的葡萄藤，綿延數平方英里。

「天啊，」我對他說：「這整個山谷都是葡萄園！」

「是的，」他說：「他們都是我的競爭對手，可惡。但我會打敗他們的。」

「怎麼做？」我問道，「這裡看起來沒有可用的空地了，你打算用收購的方式擴大規模嗎？」

「不，」他回答，「我要做得更好，而非更大。如果我能在今年的年度品酒會擠進前二或前三名，就能徹底擊敗他們，給他們一個教訓。」

「嗯，」我想，「更好，而非更大，這有意思。」

那天稍晚，我和一個家族企業的負責人交談。他希望他的家族能不朽。他們已經把家族的名字印在自己製造的產品上，隨著未來事業愈來愈成功，他的家族也就得以基業長青、屹立不搖。

「那麼，在這種情況之下，」我說，「你應該把每年的目標設定為做得更好，而非更大。你製造的產品再多，也無法滿足整個市場。永留於世是個終極挑戰，你必須不斷重塑自己，引進新人才，提高標準。只有這樣，家族企業才能長長久久。」

後來，我審視身為作家的自己。當然，我很想寫出一本暢銷小說，也許是一本大膽刺激的政治驚悚小說。但我缺乏那種想像力，我寫的主題是組織，以及組織中的人。

我對自己說：為什麼不聽聽自己的建議呢？如果我能做得更好，也許賺的錢能比競爭對手多。

因此，我努力把書寫得有趣一點，即使主題有點枯燥。我的下一本書出版之後，我看到的第一篇書評是：「本書可說是老生常談……」（我的心涼了半截）「……但重點是，直到你翻開這本引人入勝的書之前，它的內容從未真正被**讀懂**。」

這本書暢銷了。

至今，這本書已經售出數十萬冊，遠遠超過競爭對手寫的任何大膽刺激的小說，我還因此有很多機會在全球各地對數千名企業高階主管演講（即使他們可能覺得無聊至極）。

所以，不管對你的組織，或是任何你想做的事來說，你應該把目標放在變得「更好」，而非「更大」。這樣做不但更省力，而且更令人振奮，最後還能帶來更多收益，這就是我的納帕谷友人深切了解的道理。

第三十四章

我有個新的商業構想

組織有記憶嗎?當然有,雖然這些記憶有時可能有缺陷。

有幾年我曾經擔任英國皇家藝術學會(Royal Society of Arts)主席。這是一個著名的英國機構,位於倫敦河岸街附近一棟古色古香的建築裡。

最近我回到那裡聽一場演講。

我走進去時,一位年輕女接待員客客氣氣的請我出示會員卡。

「我不需要會員卡,」我說,並指向她頭頂上方的牌匾,上面列出過去一百年所有主席的姓名。我說:「我的名字在上面:查爾斯・韓第,主席,一九八七至一九八九年。」

「喔,是喔,那我能看一下您的會員卡嗎?」她冷冷的說。

幸好，有個工作人員剛好經過，向她保證我確實是會員，有權進入。

但那個接待員仍不為所動。

我想，她有權擋住我，但我離開大樓時，忍不住感到十分惱火。那幾年，我多麼盡心盡力在為學會做事，而且在我看來，要不是我，這個學會早就瓦解了。我竟然已經被學會的人遺忘，真是令人痛心。

但有時記憶也會令人不快。

我在新加坡的殼牌分公司工作時，每次開會，只要我提出一個好主意，一位曾在西非工作十五年的同事就會說：「喔，我們在迦納試過……還是在奈及利亞？……從來就沒成功過。」這時，我會在心裡咒罵他那該死的記憶力。

但我後來發覺，這當然不只是他一**個人**的記憶，而是殼牌集團（約二百五十個分支機構）的集體記憶。

接著，我有了一個念頭：「嗯，為什麼殼牌不把這些記憶蒐集起來，加以記錄、分類？如此一來，如果有人碰到困難或問題，就可以檢索這個系統，描述情況，看看是否有人曾經有相同的問題，並從他們的經驗中學習。」

因為這就是學習的方式。我一直說，學習就是對經驗的反思與領悟。如果是你自己的經驗當然更好，但別人的經驗幾乎也同樣有價值。而殼牌擁有大量他人的經驗可供借鏡。

其實，如果你能蒐集這些經驗，加以分類（也許還可以包括其他組織的經驗），就能擁有非常寶貴的案例研究資料。

是的，這就是我的商業構想。你的經驗資料庫可以授權，讓人付費使用。或者，你可以把這些資料整理成書籍、學術研究或某種選集。

總之，這是個值得思考的點子。

只是我太懶了，不會去做，但是如果有人想要將這個經驗庫的想法發展成新事業，儘管去做。如果你採用這個點子，在某個地方提到我，那將是我的榮幸，如果你邀我參加產品發表會，我也會欣然參加。

這個經驗記憶庫也可以用於教學。在課程結束時，甚至可以邀請提供記憶的人來告訴大家最後的結果。我發現學生總是樂於見到真正的當事人。

集體記憶的理念也適用於家族。我翻閱相簿時，總記不得其中一半的人是誰。但是我們家總有人記得吧……。

「喔，那是朱利安的叔叔，」他們會說，「那是你祖母，有一次野餐後想在路邊小便。」

就這樣，我們得以喚起過往的回憶，與家人分享。匯集家庭經驗的知識寶庫是無價之寶。

再說一次，如果你喜歡這個商業構想的話，請放手去做。我樂見有人實現這個點子。

輯四
日常生活

第三十五章

名字的力量

多年前，我從我們托斯卡尼公寓的露台上，看著下方那一小塊雜亂的草地。我想，如果這塊草地能變成漂亮的草坪該有多好。回英國諾福克的家之後，我拍了草坪的照片，給我們的義大利園丁迪諾看。我說：「迪諾，我希望草坪看起來像這樣。」

那年夏天，我們回到托斯卡尼，發現草地長滿雛菊和蒲公英等雜草，教我驚恐不已。

我對迪諾說：「怎麼了？你為什麼沒有按照我給你看的照片那樣修剪草坪？」

他說：「噢，因為那會破壞美麗的花朵。」

「什麼花朵?」我問道。他指了指。我順著他的視線望去,看著草坪。我看到了。是的,他說的沒錯:蒲公英和雛菊在深綠色草地的映襯下看起來很美。那不是雜草,是花。

所以,我就不管了,後來我會請客人到我的「花朵草坪」上坐坐。他們都覺得賞心悅目。我心想:「嗯,只要改個名字,你就會用不同的眼光來看。」

在新冠疫情嚴峻封城時,我在心裡把這段期間想成是遲來的「學術休假」(sabbatical)。這是高等教育機構給教師的假期,以補足自己研究領域的知識。在我任教的學術機構,每七年可以申請一次。

根據利未記第二十五章,以色列的猶太人每七年必須休耕一年。所以,我在封城期間接到朋友的電話,問我過得如何,我會說:「我很享受我的休假年。」「你真幸運,」他們會說,「我們現在正在封城,簡直是地獄。」「啊,」我會回答,「嗯,只要換個名字,你就可能會有不同的想法。不如改個說法,說是度蜜月吧。」

他們當然以為我在開玩笑，但我是認真的。

還有其他例子。我想知道，如果我們把所得稅稱為「對國家福祉的奉獻」，而不是稅，會如何？會不會覺得好一點？

我和會計師討論，說道：「如果募款網站Just Giving有個叫做『國家福祉捐贈』的募資計畫，我定期捐贈相當於一個月稅款的錢，你覺得如何？」

他說：「不但好，而且非常划算，因為這筆款項會被視為捐贈，可以抵稅，讓你最後需要繳交的稅單金額變少。」

於是我想：「如果我開始這麼做，我不僅會因為支持國家未來福祉而感到開心，收到最後的所得稅估算結果時也會心花怒放，因為要繳的錢變得很少。」

也許我該向政府提出這個建議。但是，未來我會把我繳納的稅款稱為我的自願捐贈，看看只是改個名字，是否會影響我的感受。

想想看吧。

第三十六章

歡迎同理心時代來臨

疫情期間，有一天我一早醒來，陽光燦爛，我不由得想起布朗寧（Robert Browning）的詩：「噢，在英格蘭，此時正值五月。」（是的，原詩寫的是「四月」，但我故意寫五月，是要引起你注意。）那日真是風和日麗，我想我該勇敢走出去，去一趟市中心，也就是去帕特尼高街（Putney High Street）的商圈。雖然那裡不是世界上最熱鬧的地方，但一如往常車水馬龍，而那日，不出所料，人不多。

然而，我得過馬路，才能到銀行。

我因為中風，步伐有點不穩。於是，我轉向身旁的陌生人，鼓起勇氣說：「可以麻煩你扶我過馬路嗎？」他微笑著說：「當然可以，沒問題。」他伸出手臂讓我抓著，我們就這麼搖搖擺擺走到對面。

沒有人介紹我們認識，但這根本不需要。我們走到對面時，我已經知道他的名字、年齡、住處、病史以及他的工作。他也同樣了解我的情況。我跟他說，我是作家，正在寫一本關於未來的書，他說：「噢，說到未來，我可受不了。我覺得現在已經夠糟了。」無論如何，走到銀行時，我們已經成為好朋友。道別之後，後來我看到新聞照例播放的新冠疫情統計數據時，心想：「嗯，事情還不至於那麼糟。」

也許只是因為陽光，讓我感覺有一種新的氛圍慢慢籠罩，至少在帕特尼是如此。我把這種氛圍描述為「同理心」，這是一種真誠的感覺，覺得世界充滿善意。人們富有同情心，而且願意伸出援手。這是一個充滿慷慨和希望的世界，陌生人不是競爭對手或敵人，而是可能成為朋友的人。

扶我過馬路的那個陌生人，讓我懷抱真正的希望，繼續我的旅程。我的精神為之一振。我想：「我想到下一本書的書名了：《同理心時代》。」不幸的是，有人早就寫出來了，但我可以衷心推薦。這本書就是《同理心時代：師法自然，建立一個更友善的社會》（*The Age of Empathy: Nature's Lessons for a Kinder Society*），作者是法蘭斯・德瓦爾（Frans de Waal）。

利他主義似乎早已深植於所有人心中，我們只需要讓它變成一股潮流，就能展現出來。沒想到疫情也有好的一面：激發我們對新時代的渴望，讓社會瀰漫一種相互了解和支持、樂於助人與充滿希望的氛圍。

第三十七章

所有權陷阱

我孫子女的生活發生了一件大事，那就是小狗齊格的到來。牠血統不明，但非常可愛。果然，他們開始搶著抱牠。

我說：「你們要當心。你們爭先恐後抱牠，會掉入所有權陷阱。」

「那是什麼？」最小的史嘉莉問道。

「所有權陷阱就是你以為你擁有某一樣東西，結果卻是它擁有了你。哎，看看你們現在的樣子。你們忙著照顧這隻小狗，以為你們擁有牠，所以可以對牠做任何事情。其實，你們必須照顧牠——所有權帶來責任。你們必須餵牠吃飯、帶牠運動、訓練牠上廁所、讓牠保持健康，注意牠的食物和藥物，也得用正確的方式摸牠。瞧，你們成了這隻小狗的奴隸。牠擁有了你們。

「更糟的是，你們長大之後，會認為自己想要擁有一間房子。於是，你們成為房子的奴隸。當小狗的奴隸是一回事，變成房子的奴隸，那真是瘋了。我和你們奶奶剛搬來這裡的時候，這房子是租的，房東是柯林•安德森。鍋爐常常壞掉，我就打電話給他說：『柯林，鍋爐又壞了。』他會說：『啊呀，我會叫水電工來修，如果必要，我們會換個新鍋爐。』我想：『很好，問題解決了，而且我沒花一分錢。』

「但後來我從他那裡買下這間房子，他用相當便宜的價格賣給我，沒從中賺到錢。現在我擁有這房子了。上週鍋爐壞了，我要換個新鍋爐時，就得叫水電工來，而且必須自己付錢。我還必須粉刷窗框、檢查下水道，如果屋頂漏水，我就得修理。我是這棟房子的奴隸。真是瘋狂。我以為我擁有這房子，為什麼變成這房子擁有我？所以你們要小心，不要擁有任何東西！

「你們這一代似乎更能理解這一點。與我這一代的人相比，現在的人更願意分享，一個原因是不得不這麼做，當然，另一個原因是出自偏好。除了共享房屋之外，他們也輪流接送孩子，合養小狗，他們一起去度假，共享度假別墅。我完全了解這個觀點。如果分享，就一起分擔費用，也一起承擔責任，大家一起當奴隸。

「但如果你不分享，那麼你就是在為房子工作。這很瘋狂。讓別人來照顧這房子，我只要租房就好，而且如果我想搬家就能搬。如果我在牛津工作，而不是在倫敦，可以在牛津租一間房。我很隨性，覺得這樣好多了。如果是透過共享，說不定不用花錢呢。

「我現在住的這個公寓，一號公寓，後面有一塊草坪，草坪很美，有兩個網球場那麼大。過去租房時，我必須除草，因為沒有人要做這件事。最後，我把住在這棟樓的其他六個人找來，我說：『我們把草坪重新定義為公共空間，因此你們也跟我一樣，擁有這塊草坪。我們輪流除草吧。』

「一個鄰居說：『嗯，我不行，我們一起付錢，請園丁來割草吧。』於是，我們採行這個計畫。

「接下來的那個禮拜天，來這裡兼差的園丁湯姆剛割完草，我們在草坪上野餐，除了我們家之外，還有六組人也在這裡野餐。這似乎很正確：我們都在分享草坪。現在每個人都很開心。大家一起分享，花費更少，而且都成了朋友。

「所以，請不要擁有任何東西。你可以租用，如果可能的話，也可以與人分享，或者乾脆送給別人。」

第三十八章

個性與品格

品格（character）與個性（personality），你認為哪個比較重要？有人說：品格不就是個性？這兩者不是相同的嗎？其實品格與個性不可一概而論。莎士比亞說得好，這就是問題的關鍵。

品格是你工作一段時間之後慢慢顯現出來的，你碰到事情的反應會漸漸形塑出你的品格。

至於個性，則是你面對這個世界戴上的面具。在某種程度上，個性是可以塑造的東西。善於塑造個性的人，可以在商界或政壇獲得成功。演員或藝人出身的政治領袖，往往能成功「演繹」具有強烈人格魅力的形象，例如美國的雷根與烏克蘭的澤倫斯基。（我認為我們的首相施紀賢爵士〔Keir Starmer〕應該抽時間去戲劇學校好好學學，可憐的傢伙。）

然而，個性不能衡量一個人的品格。

有時，有人會對我說，我不具備當領導人的品格。但他們把個性和品格搞混了。我生性謙遜、喜歡深思熟慮、為人低調，甚至有些膽怯，在公眾場合比較內斂，這是我的個性。我不是活潑、富有魅力的類型。但就品格而言，我的職業生涯可以證明我是有決心和韌性的人。

由於個性與品格有差距，我們在挑選領導人的時候經常會看走眼。在公司或政府機關，我們經常會因為欣賞某一個人的個性，就選擇這個人，最後卻發現此人的品格不如預期。在某些情況下，這個人甚至比我們想像的更貪婪腐敗。我們認為某一位先生或女士體貼、周到，最後才發現這個人自私、自大、霸道、不聽他人建議、不願傾聽，而且喜怒無常。

反之，一個人可能具備領導人的品格，卻因為個性缺乏魅力而不受青睞。就選舉而言，這可能是個悲劇，因為我們會因此失去好領導人。

這是個棘手的課題，想到這對民主有如此深遠的影響，實在令人難過。
我能做的，只有祝你好運，希望你能洞視個性，看出真正的品格。

第三十九章

教學之樂

早上聽說，朋友的女兒辭了大銀行的高薪工作，回家教在家自學的姪子和姪女。我說，當她的侄子侄女真幸運。姑姑和叔叔要比父母有趣多了，也是更好的老師：他們會傾聽，而父母只會一直說教。姑姑、叔叔偶而會調皮，父母則老是正經八百。姑姑、叔叔能成為令人信服的權威，父母則會讓人覺得很煩。

我猜姑姑、叔叔和孩子一樣享受這個教與學的過程。我最近注意到，我孫子里奧在教我的看護下棋。十幾歲的他看起來樂在其中。我找他下棋，他似乎興趣缺缺。有時候老師比學生更快樂。因此，我們何不都去當老師？

如果你很會踢足球，為什麼不把你的技巧傳授給社區的孩子？你可能會發現這非常有趣。我的偶像亞里斯多德曾說，人生真正的快樂就是把自己擅長的事情做到最好，並以此造福他人。如果你是某個領域的高手，何不教教別人？

我當老師之後，發覺自己學到的東西比學生還多，因為無論我教的是歷史、地理還是化學，我總得研究得一清二楚，而學生只要聽講就好了。我敢打賭，我孫子的棋藝最近突飛猛進，比以前進步很多。

所以，如果你有能力，請跳上你的自行車，解救那些在家自學的孩子，讓他們擺脫枯燥乏味的學習，他們必然會覺得興味盎然，你也能得到很大的快樂。如果你身邊沒有正在求學的晚輩，這個週末你還是可以花點時間想想，你有什麼技能可以傳授給別人。你會因此覺得快樂。至少這是我的體會，亞里斯多德在二千五百年前也有同樣的發現。

第四十章

過去無法指引未來

我常常不解，不知道為什麼一般人如此在意考試成績。

我考駕照的時候，沒有人想知道我是不是很會騎自行車。他們說，那是不同的體驗。完全正確。我必須得通過一連串的考試才能取得駕照。

我申請到牛津大學歐瑞爾學院（Oriel College）攻讀古典文學時，他們完全無視我的高等程度證書（也就是現在所謂的A-levels）上有五個科目都獲得優異的成績。他們說這些成績都不相關。牛津大學要教我思考，他們想知道，我是否有獨立思考的能力。例如，面對「我們為什麼要工作？」這樣的問題時，如果我之前學到的任何知識都派不上用場，我會如何回覆？

因此，我必須參加牛津舉行的招生考試。這項考試奇難無比。我以一等學位（這項頂尖的學術成就讓我感到非常自豪）從牛津畢業後，去殼牌石油公司應徵。他們也不在意我的學位。殼牌要求我參加他們的商業研究測驗。我了解為什麼。我開始在這家公司工作，管理他們在婆羅洲的業務時，我的希臘文和拉丁文完全沒用，但我做這家公司案例研究的經驗則大有幫助。

因此，我主張入學考或入職考才重要，畢業考則可有可無。

但這裡還有一個更重要的觀點，也就是：過去應該成為未來的指引嗎？我希望不是，如果是這樣的話，任何事情都不會改變。明天會像昨天，明年則和去年一樣。

當然，有人希望如此，希望一切不變，或者如某人對我說的：「現狀就應該是未來的方向。」在我看來這太可怕了。

我在早上醒來時，會鬆了一口氣，心想今天又是新的一天，是重新塑造自己的機會，我變得更有想像力、更勇於冒險、更善良、更好，而且更有趣，而不是昨天那個無聊的老傢伙。明年也是如此，明年會比去年更好，因為我會更有趣，也更有冒險精神。

因此，之前的表現不能做為未來表現的依據。我希望下一次能做得更好，因為那將會是不同的經歷。

所以，請不要用過往的表現來評判一個人，之前的表現與現在的狀況已經不相關了。你很會騎自行車，並不代表你會開車。

請記住：明天是另一個機會，讓你成為與昨天不同的人。

第四十一章

揚棄二分法吧

今天早上，我們又開了家庭會議。「大家想一起去海邊嗎？去沙灘上散散步吧。」我說：「二月在冰天雪地的北海海灘上散步？唉喲，我想不出更自討苦吃的事了。而且，」我補充道，「更糟的是，你們正掉入二分法的陷阱。」

「什麼是二分法？」他們問道。

「這是一種邏輯謬誤，」我說，「二分法是指，你只能從兩個選擇當中選擇一個，就像英國脫歐的問題：留在歐盟，還是退出？或者像大多數的公投：同意，或者不同意。而你們剛才就給我一個二分法的選擇：去北海，還是不去？其實，我們還有很多選擇。」

大家通常覺得二分法很有用，因為可以讓事情變得簡單。政治人物尤其偏愛二分法，因為他們能利用二分法說服選民選擇政治人物想要的選項。但在我看來，二分法排除了其他可能性，這種過度簡化非常危險。

因此，碰到二分法時，你總是得加上「但是」，以考慮其他可能性。例如，「我不想去北海，但是我知道出去走走有好處，何不去我最喜歡的那家餐廳？」或是，「為什麼不坐在溫暖的火爐邊看橄欖球賽，看球員在寒風中拚命奔跑？」或者，「當然，我也想去海邊散步，但是要不要等天氣暖和一點，陽光明媚、風也小的時候再去？」

沒有這樣的「但是」，就會有一種危險，也就是把世界簡化成一套互相矛盾的選擇，扼殺我們的想像力，也遺漏其他的可能性。

所以，我們家最後做了什麼？坐在爐火邊看橄欖球賽。

我希望立法禁止在政治決策中使用二分法，因為這麼做總是過於簡化問題，抑制我們的創造力。

我知道父母有時會用二分法來管教孩子：「你要是不吃這個，就給我去睡覺。」其實，孩子也可以先吃一點，再看電視，但因為二分法的關係，這個選項完全沒有被提及。我認為這樣限制孩子的選擇非常不公平。

因此，我要對為人父母者、政治人物和所有人說，二分法就像毒藥，請避免使用這種方法，如果非用不可，也一定要加入「但是」，以留下一些轉圜的餘地或修正的空間。

第四十二章

為何差異如此重要

我和妻子在慶祝結縭十載的週年紀念日那天，決定列舉我們之間所有美好的共同點。令我們驚訝的是，我倆的共同點其實不多。她熱愛滑雪，我覺得這項運動很恐怖；她喜歡航行，享受乘風破浪的刺激，而我只能祈求天氣溫暖晴朗、風平浪靜，才不會頭暈目眩，噁心想吐。最重要的是，在做決定的時候，她相信直覺，而我則仰賴證據和邏輯。

因此，我們常常意見不合，討論變成爭論。不幸的是，我發現她幾乎總是對的，即使她無法解釋為什麼。我們剛結婚的時候，倫敦勞合社保險公司（Lloyd's of London）有位業務員來拜訪我，想確認我是否了解申請成為該公司個人投資人的權益與風險：也就是我承諾用個人資產的一大部分，包括我的房子，為該公司承保的保單提供擔保。

他離開後，我妻子對我說：「別相信那個人。」

「為什麼？我覺得他的能力很強。」

「他今天出來工作，竟然穿灰西裝配棕色鞋，所以不能信任這個人。」

「為什麼？」我追問。

她說：「我說不上來，解釋是你的工作。」

結果證明她是對的。儘管那個人承諾我的投資將獲得豐厚的回報，但在接下來的五年裡，由於該公司出現巨額虧損，我也賠了數萬英鎊。

自此之後，我想搞清楚為什麼她的直覺是對的。細而思之，她的直覺告訴她，那個人一身週末打高爾夫球的裝束，不像是個保險專家，所以很可能不知道自己在說什麼。

時間證明我倆是天作之合：她仰賴她的直覺，我則憑藉我的證據和邏輯。我們的差異對我倆的婚姻影響深遠。

在職場上，差異也能帶來不同結果。以柴契爾夫人和林肯為例。柴契爾夫人組閣時，找的是與她想法相同的人，也就是她所說的「自己人」，那就容易意見一致。據說，還沒開始討論，她就能總結要點，並挑戰任何與她意見不同的人。當然，這會導致專制，而專制總是以災難告終。比方說，她堅持課徵人頭稅，對每位成年人強徵重稅，因此怨聲載道，最後只得黯然下台。

反之，林肯的內閣可說是他的「政敵團隊」，成員都是曾經在總統大選中與他為敵或反對他的人。但如此一來，他的內閣彙集各方面的人才，當然，也包含形形色色的意見，討論也就更有深度和廣度。

約翰・甘迺迪針對古巴問題所做的兩次重大決策，正可以凸顯差異帶來的不同結果。第一次是關於豬玀灣事件。甘迺迪依賴由各軍種首長組成的顧問團，成員一致贊成出兵，而且抱持必勝的信心。最後卻是慘烈的失敗。

第二次，也就是古巴飛彈危機。證據顯示蘇聯正在古巴部署彈道飛彈，射程足以覆蓋美國本土全境。甘迺迪總統的胞弟羅伯特建議他擴大顧問團，納入軍種首長以外的人。甘迺迪總統廣納眾議，終於想出一個解決方案，致使蘇聯同意召回攻擊潛艦，避免了一場核戰。

甘迺迪總統顧問團成員的「差異」帶來多元意見，因此得以扭轉乾坤，避免一場可能發生的全球災難。僅僅導入一點差異，結果卻天差地遠。

第四十三章

快樂之道

我想提醒你，有人這樣定義快樂：「想擁有快樂人生，你需要有所追求，有所期盼，也有所深愛。」請記住，愛需要主動付出，如果幸運，你就能獲得回報；重要的不是有人愛你，而是你要去愛別人。

你不斷的辛勞忙碌，因為工作似乎是快樂的必要條件。工作與他人，尤其是家人，與你最親近的人，是生活的重要部分。

目前，我三個條件都滿足了：工作、懷抱希望，而且有很多我愛的人，他們大都還未滿十六歲。因此，我的生活非常忙碌。

希望你也能符合這三個條件。請牢記，工作必不可少、摯愛之人不可或缺，你也得對未來懷有希望，即使那希望目前看起來遙不可及。

自戀情結

我青少年時期，父親是教區牧師。他請我在晨禱時誦讀經文。我不得不說，站在那裝飾著巨鷹銅雕的講壇後方，舌頭隨著文句的節奏和旋律舞動，大聲朗讀《欽定版聖經》那優美動人的話語，使我沾沾自喜。

直到我們回家吃午飯，母親才對我說：「兒子啊，你站在講道台上宣讀聖經，看起來非常自鳴得意。不過，我得告訴你，那樣子太矯揉造作。我不喜歡。過不了多久，村裡所有孩子都會嘲諷你。我想起你跟我說過這麼一個故事，有個俊美的希臘少年愛上自己的水中倒影。」

「是的，我說過，」我說，「你是指納西瑟斯（Narcissus）。他太迷戀自己在水中的倒影，不斷靠近池邊，最後掉到水裡淹死了。」

「嗯，」我母親說，「你最好小心點。」

不過至少，我最喜歡的花是以他的名字命名的。

當時，我沒有告訴母親，一種可怕的精神疾病也是源自於納西瑟斯的名字，那就是自戀型人格障礙（narcissistic personality disorder），簡稱NPD。NPD似乎是一種不治之症，因為患有這種疾病的人就像納西瑟斯一樣，非常自戀，不相信自己罹患任何疾病，因此對尋求治療毫無興趣。他們認為自己非常完美。

我稱之為「皇帝情結」：想想羅馬帝國的暴君尼祿（Nero），或是今天的普丁（Vladimir Putin）。

日常生活中也可以看到這種人。我就為患有「皇帝情結」的老闆做過事。我在殼牌的新加坡分公司任職時，有位上司每天早上走進辦公室都會說：「大家早安！」我們聽到，立刻起立，站在桌邊。接著，他就像王公貴族，大搖大擺的在我們排成的隊列間前進，偶爾對一、兩個人點頭，我們則必須恭敬的回應。

有一次，他在我面前停下腳步，問道：「查爾斯，一切都還好吧？」我回答說：「很好，先生，謝謝您，先生。」然後他就走進那間有如聖殿的專屬辦公室。

他走了之後，坐我隔壁的東尼問我，這是怎麼一回事。我說我不知道。

「嗯，他停下來跟你說話，對我卻視若無睹，」東尼說，「這似乎是不祥之兆。我想知道他會對我怎麼樣。」

我說：「我想，他只是一下子想不起來你叫什麼，不想叫錯，就直接走過去了。」但東尼不接受我這個說法，整個上午都憂心忡忡。

傍晚，那位上司再次從我們身邊經過，準備離開。我們都起立，站好。

「各位，再見，」他說。我們齊聲答道：「再見，先生。」然後他就走了。

他非常傲慢自大，但個頭不高——這人其實是個矮冬瓜，因此看起來更像是個趾高氣揚的下士，而不是將軍。當然，他沒有勳章，因為他沒有從軍，頂多只是打了條校友領帶，顯示自己出身私立名校，可是我卻認不出那是哪家學校。

第二天，我們聽說他因為心臟病發猝逝，可能是因為要擺出一副大人物的樣子，壓力過大造成的。

第四十五章

何謂「公平」？

我們都相信社會應該公正、公平。但在你改革稅制或調整公司的薪資結構之前，最好先搞清楚所謂「公正的社會」是什麼意思，以及「公平」又是什麼。

例如，你認為人們該獲得他們應得的嗎？像是工作表現好就加薪，表現差就減薪？如果你這麼認為，就代表你信奉「菁英主義」（meritocracy）：這個詞最初是由社會改革家邁可・楊恩（Michael Young）提出。

儘管楊恩創造這個詞，但他並不相信菁英主義。他說，菁英主義會在社會頂端創造出一群志得意滿的人，他們自以為理應擁有所有好處，底層的人則活該受苦。這些站在社會頂端的人自私自利，沒有社會良知。楊恩說，菁英主義會導致社會分裂。

或是你贊同基督教的看法：最匱乏的人應該得到最多幫助，最富有的人則應該慷慨解囊，這樣才稱得上公平，不是嗎？我想政治人物可能會稱之為「向上提升」（level up），然而某些地方向上提升，不可避免的意味著其他地方必須「向下調整」（level down）。

或者，你是否像我一樣認為，沒有人應該太富有，也沒有人應該過度貧窮，應該有一個適用於每個人的最低底線。

這是值得思考的問題：這不僅關乎整體人類社會，對家庭來說也同樣重要。例如，如果你給孩子零用錢，會給老大最多，還是給你覺得比較需要錢的那個孩子多一點，或是每個孩子都一樣多？這沒有絕對的對錯，而是取決於你的人生觀。但是在行動之前，先好好想想吧。

第四十六章

儀式之我見

也許你跟我一樣，著迷於君主制代代相傳的種種繁複儀式。我認為儀式非常重要，因為儀式同時彰顯延續與改變，這是所有組織必不可缺的核心要素。

我常常在想，為什麼英國國教的教會不為離婚設計一個宗教儀式：一個讓夫妻回顧過往美好的儀式，也為即將各自前行的人生祈求祝福與引導。

我之所以會這麼說，是因為我相信延續與改變，在私人生活以及公共領域同樣重要。我們必須要學會如何優雅的說再見與你好，而儀式能幫助我們做到這些，哪怕只是在自己家裡。在我看來，用一個生日蛋糕幫孩子慶祝十三歲生日似乎還不夠，這就是為什麼猶太教在這方面做得很好，他們會以更莊重的儀式來慶祝生日。

那麼，你的組織或家庭有哪些儀式呢？無論是什麼儀式，我認為都很寶貴，因為這是延續的象徵，而延續，正是變革最堅實的基礎。

第四十七章

如何說謝謝

一天早上，有一封信寄到我在鄉下的小屋。信封上貼著一張很大的郵票，地址只寫著「英國查爾斯・韓第教授收」，但我們的郵政系統很厲害，找到了我，信就這樣送達。

我拆開信封，裡面是一封信。來信者用非常潦草的字跡寫道：「親愛的查爾斯・韓第，非常謝謝你。」

沒有回郵地址，而且我也無法辨識這潦草的署名。所以，如果這封信是你寄來的，我要向你說聲謝謝。因為你的來信，今天特別美好。請原諒我沒有回信，因為我實在無法辨識你的名字。

「謝謝」只有兩個字，卻意義重大。

那天下午，我去超市為家人採買聖誕節要吃的東西，我掏出簽帳金融卡準備付款時，結帳金額著實嚇了我一跳。

我對收銀員說：「看看這個金額。妳至少該說聲謝謝吧。」

「不用啊，」她說，「收據不是印了謝謝惠顧？」

好吧，你可能會覺得這沒什麼。問題是，如果這兩個字沒有附上說謝謝的人和接受感謝的人，那就毫無意義。

已故的女王陛下在王宮頒發勳章時，總是特別留意要親自說出受贈者的名字，感謝他們的貢獻。此舉意義重大，否則，「謝謝」只不過是在風中飛揚的穀殼，或是印在收據上的兩個字而已。

我們應該多說謝謝。你不用花一毛錢，卻意義重大，讓人銘記在心。但請盡可能加上對方的名字。

第四十八章

誰是上帝？

這個故事的主人翁是印度南部的一個小女孩。我不知道她的名字，甚至對她一無所知，但這個故事實在太可愛了，我希望這是真實故事。這是我在一本舊的《讀者文摘》上看到的，所以不敢說一定是真的，可能是個虛構的故事。

這個七、八歲的小女孩在喀拉拉邦（Kerala）一所小學的教室後排塗鴉。老師對她說：「小朋友，你在做什麼呢？」

她說：「我在畫上帝。」

老師說：「別傻了，沒有人知道上帝長什麼樣子。」

小女孩說：「等我畫完，你們就知道了。」然後闔上她的練習簿。

這是何等的自信，何等勇敢。正如威廉・亨利（William Henley）那首偉大的詩〈打不倒的勇者〉最後兩行：

我是一己命運的主宰：
我是自身靈魂的統帥。

這個小女孩既不識字，也還不會唸詩，卻完全體現這兩行詩的精神。

說來慚愧，如果我是那位老師，為了讓學生大開眼界（也為了炫耀），我會帶他們去羅馬，去梵蒂岡，去看米開朗基羅在西斯汀教堂（Sistine Chapel）穹頂畫的壁畫，他描繪的上帝是個不太友善的老人。他們或許印象深刻，但如果這樣的見聞沒有和他們自身的經驗結合，其實學不到什麼東西。

我喜歡把十八世紀英國詩人亞歷山大・波普（Alexander Pope）論教育的名言改編成：「教育就是對經驗的反思與領悟。」我們可以引導學生反思，但我們無法給予他們經驗。那要看學生自己。

我曾經在波士頓麻省理工學院待了三年，聽一些經濟學和心理學大師的講座，但說實話，我只記得我寫的那些詮釋個人經驗的文章。教育是引導學生發掘自己知道、但不是很了解的東西，而不是填鴨似灌輸他們馬上就會忘記的東西。

我在演講時總會提醒自己這一點。但也許我沒去小學教書、只面對中年主管也好，他們都太沉浸於自身生活，沒有心思去談其他事情。

回到喀拉拉邦的那位小女孩。我想知道她在練習簿裡畫了什麼。她爸爸？她媽媽？或者她畫了一個國王，頭戴皇冠，坐在雲端上？

但你知道嗎？我懷疑她畫的是老師。記得我小女兒七歲時，我們家在倫敦西南邊，要是那時我要她畫一幅上帝的肖像，她筆下的上帝必然像她的級任老師，高鐸小姐。在她眼裡，高鐸小姐擁有如同教宗般的絕對權威，顯然比我這區區一個倫敦商學院教授地位更高。

吃飯時，只要女兒說：「高鐸小姐說……」，我就會做好心理準備，因為我馬上會聽到她說高鐸小姐不同意我說的某件事，高鐸小姐確實知道上帝的旨意。

我非常感謝這位老師，因為她啟發我女兒的想像力，在她攀登學習和人生的小山時，成為她可以依靠的扶手。她後來去世時，我們都非常難過。

世界上最古老的教室就在伊頓公學，那裡至今仍保有十六世紀學生坐過的長椅。教室牆上刻著一句拉丁文銘文，我翻譯如下：「教師的使命是發掘每位學生身上潛藏的天賦。」

在教室裡的每一個人身上找到天賦。那是老師的職責。

幸運的是，我的老師發現我身上的天賦，儘管不是什麼了不起的才華，卻改變我的人生。

其實，我的人生軌跡是由對我期望很高的人塑造而成的：他們認為我可以突破自身認知的極限，對我深信不移，相信我能做到。從某種層面來看，這就是管理和領導的要義：發現他人的天賦，讓他們發光發熱。

輯五

生與死

第四十九章
老來樂

慶祝女王登基白金禧（七十週年）的那個週末，我們種了三棵樹，把冰箱裝滿香檳。女兒說：「這麼做還不夠，我們家的慶祝應該再盛大一點。」

「為什麼，還有什麼值得慶祝的嗎？」我問。

「嗯，」她說，「老爸，您已屆九十高齡，依然健在，而且還在寫作和演講，即使拜科技之賜，分享的方式已大不相同，但我認為這非常了不起，我們應該大肆慶祝。」

「對啊，」淘氣的孫女說，「爺爺，為什麼我們不能每天早上喝香檳，喝一整年呢？那一定很棒。」

「或許很棒，」我說，「但你會生病，我也會頭痛。」

不，我不會為自己慶祝。但我告訴你，我要慶祝什麼：變老。

大多數人都不知道老年是多麼美好的人生階段。是的，我現在九十幾歲了，而且重度殘疾（抱歉，我應該說我「行動不便」），所以不能走太多路，也就是說我被困在諾福克鄉下這個舒適的家，大門不出，二門不邁。

要是沒有人陪同，我哪裡都去不了，最好有車可以坐，否則就只能搭乘我的私人座駕（也就是輪椅），通常我孫子女會幫我推輪椅。

但我過著像皇室般的生活，什麼都不用自己動手。只要我抬起一根手指，就會有人跑過來問我需要什麼。我的看護是個可愛的年輕女子。她來自辛巴威，已經有英國公民身分。她把我照顧得無微不至，幫我穿衣、脫衣，為我做飯，注意我是否按時吃藥等。

真的，就像皇室成員一樣，所以我有什麼好抱怨？我吃得很好，儘管行動不便，我的身體很好。我沒有任何疼痛，正在閱讀以前沒時間看的書。我就像羅馬焚城時還在彈奏魯特琴的尼祿，一邊聽莫札特的音樂，一邊看著國家陷入混亂。

近日，我有點像乘客，像是社會的旁觀者。我對此感到內疚，但繼而一想，我太老了，一無是處，幫不了任何人，不如好好坐著享受生活——這是我正在做的事。我可能吃太多了。我的看護允許我在用餐時喝點葡萄酒。我在電視上看太多電影。我盡量不看新聞，因為愈看愈鬱悶。

這種生活有什麼不好？

當然，我承認，很多老年人過得很痛苦，而我非常幸運。然而，我想說的是，人終有一死，但這不該成為悲傷的理由。因此，我現在不是把活著的每一天當成我生命的最後一天，而是覺得還有很多日子在等著我。我剩下的時日當然愈來愈少，所以我得好好享受每一天。

我看著窗外的美景。太陽多半會在某個時刻露臉。如果沒人攙扶，我無法走太遠，但令人驚訝的是，每天吃完早餐之後，我都會自己從椅子上站起來，在花園裡「走動走動」，只是為了證明自己還行。

不論什麼場合，我都可以隨心所欲穿我想穿的衣服，沒有人會反對。我可以忘記今天是星期幾，別人只會想：「老人家記性不好，可憐的老傢伙。」但他們不會抱怨。

即使我的想法荒誕不經，每一個人都還是洗耳恭聽，以為我是什麼智者，當然我不是智者，但高齡會賦予你一種理所當然的權威，讓人尊敬。因此，何不利用這點？

此刻，我坐在最美的鄉間，放縱自己做我喜歡做的事情。這樣的人生何等美妙。就像我兒子前幾天說的：「如果這就是老年生活，我真迫不及待想變老。」

所以，讓我們慶祝老年吧。我慶祝的方式之一是每天進行一個儀式。這個儀式是受路易斯・卡羅（Lewis Carroll）一首絕妙的荒謬詩啟發的。在這首題為〈賈巴沃基〉（Jabberwocky）的詩中，有一個人發現自己的兒子殺死怪物賈巴沃基，欣喜若狂的說：

你殺了賈巴沃基？

到我懷裡吧，好孩子！

喔，今兒太棒了！喔耶！嘿嘿！

他咯咯笑，樂開懷！

我每天早上醒來，都會對驚訝的鄰居高喊：「喔，今兒太棒了！喔耶！嘿嘿！」（或許他們離得太遠，根本聽不到。）我咯咯笑。因為我醒來了，而且我還活著。

所以，如果你已經九十多歲，或者快要九十歲，我建議你不但要學我，還要讀〈賈巴沃基〉這首詩。在《鏡中奇緣》（*Looking-Glass world*）的世界裡，無稽之談往往比正經八百更有道理。

我向你保證，老年也能是歡樂好時光。人生真美妙，喔耶！嘿嘿！

第五十章

給上帝的一封信

親愛的上帝：

我想，最近我讓祢太操勞了，因為祢沒能達成我的期待。每次我請祢幫忙，總是沒有任何結果。我想不出答案時，我發現自己說：「只有上帝才會知道。」我相信祢確實知道，卻不告訴我。或者我再次受到打擊，我懇求祢：「上帝，救救我吧」，然而祢一樣沒伸出援手。祢真的讓我寒心。

兒時，一直是祢在保護我。祢就像嚴格的校長，很仁慈，但又一板一眼，而且嚴厲。如果我遵守祢的規則，那就沒問題，但如今祢的規則似乎已經無法告訴我我是誰，也不能指引我此生該如何度過。我請祢幫忙，但我祈禱時，發現我只是在自言自語……。

其實仔細想想，這樣也不錯。我發現從神學的角度來看，如果祢是按祢的形象創造了我，那麼從某種意義上來說，我就像祢，我必須成為自己的神，為自己的人生負責。因此，把一切推給祢，對祢感到失望之後，我現在得到一個結論：我錯了。一切都掌握在我手中。如果我像祢，那麼除了與自己對話之外，我別無他人可言。這樣很好。如果我心情好，我就能好好回答自己的問題。

為什麼我會在這裡？因為我是宇宙萬物這個宏大體系的一部分，斯多葛學派稱之為「邏各斯」，也就是萬物規律的源頭，而大衛・艾登堡爵士（David Attenborough）在他引人入勝的大自然紀錄片裡，則稱之為地球的故事：萬事萬物如何相互作用，讓世界不斷的運轉，所以，是的，冬盡春來，春去夏至。我們是世界的一部分，我們必須讓當下這個世界變得更好：對抗氣候變遷，清除毒害幼童的空氣汙染，放慢一切腳步，順應自然，親近自然。

此刻我住在諾福克郡，四周盡是田野。我依循自然的規律生活，日出而起，日落而眠。我在屋子裡，好整以暇的欣賞各種天候的景致，無論冰天雪地，烈雨驕陽。我讚嘆林木骨骼般赤裸的美，那線條簡約、精緻。如果我身體好些，我希望每天早上都能去樹林裡散步，從風吹樹葉的沙沙聲汲取力量和靈感。過去我會說我正在接近祢。現在，我像坎特伯里大主教，把這樣的散步稱為步行冥想，但意思是一樣的。所以是的，愈接近自然，我就過得愈好，我的想法也更有用。

我愛上希臘哲學家。他們不討論上帝，也不討論存在有何神聖的目的。他們說人生的意義是追求真正的幸福，盡己所能的幫助他人。或者，正如我所說，在自己擅長的領域做到最好，以造福他人。

比方說，如果跑馬拉松只是為了打破去年的紀錄，那是沒有用的，對任何人都沒有好處。但如果有人透過馬拉松賽事發起捐款，支持慈善機構或學校，就不只是為了自己，而是為了他人。你為這個自然世界做出貢獻，在時間的沙灘上留下足跡。從這個角度來看，你是永恆的。

上帝，我想用祢的語言說，幸福實際上是與祢同行，與祢同在，或是說與作為祢化身的耶穌基督同在。但我與耶穌的關係不像我跟祢之間那樣親近。我不喜歡祂那流行偶像般的形象。我覺得世人崇拜祂的方式近乎偶像崇拜。在祢偉大的十誡裡，祢顯然不太認同這個做法。我確實感覺到我與祢的聖靈相通，這使我振奮，扶持我，鼓勵我，也帶給我思考的力量。

所以，親愛的上帝，我已經得出結論，抱歉，我不再需要祢了。說實話，我認為這是一件好事。我把太多責任推給祢，但我現在必須自己承擔這份責任。畢竟，如果祢是按照自己的形象創造了我，我應該做得到。也許我無法創造世界，但我想，我可以讓世界變得好一點，比如鼓勵掌權者做得更好，不要像現在這樣傷害地球。

不久的將來，我將離開這個世界。我不知道我會去哪裡。也許我將悄然消失，回歸浩瀚宇宙，但我希望我會留下一些東西，那就是我的不朽。

朱利安・巴恩斯（Julian Barnes）曾說：「我不相信上帝，但我真的很想祂。」過去我也這麼想，但說實話，我不再想念祢了。我將獨自完成一切。然而，如果祢能幫我，我會感激不盡。

第五十一章

創造新人生

有時，你是否會對自己這一生的成就感到些許失望？我確實如此。好吧，我的書賣得不錯，但是又如何？很多人沒讀過其中任何一本書。

這個想法給了我靈感，我決定撰寫一本新的自傳，描述我想擁有的人生。我是愛爾蘭西部一座美麗莊園的繼承人，我成為國會議員，也在自由民主黨政府擔任次長。

我負責在議會推動一項憲法改革法案，也就是「韓第法案」。在這項法案中，我們的聯合王國（也就是英國）將重新定義為由英格蘭、蘇格蘭、威爾斯和（聯合）愛爾蘭四個獨立共和國組成的聯邦組織，每個共和國選出四名代表進入上議院，而上議院將更名為參議院。

這四名代表會自動成為歐洲議會的議員，確保來自西敏寺的聲音能夠傳到全歐洲。

後來，我因為在政治上有卓越貢獻，被封為爵士，同時因為擔任顧問，獲得豐厚的報酬。

所以，我過著優渥的生活，也因為「韓第法案」在國會通過且大受好評，而廣受讚揚。

我靠在椅子上，對我想像出來的人生感到非常滿意。我希望寫訃聞的人會讚頌這個人生，忽略我那可憐的現況。

然而，我就像美國詩人艾略特（Thomas Stearns Eliot）〈三賢士的朝拜〉（Journey of the Magi）詩中的智者，回到原來的地方後，才恍然大悟。為自己勾勒出偉大的人生之後，我發現，身為獨立時事評論員的我，比我想像中那個想要改變世界的政壇要角愜意多了。

因此，我建議你也寫下你想擁有的新人生，這可能會讓你更滿意現在的人生。這招對我有效，對你可能也有幫助。

不過，我仍然希望有一天能看到英國成為聯邦制的國家。

第五十二章

死前必讀的一首詩

柏拉圖有些地方說錯了，但很多事情他都說對了。他在西元前三七〇年時說過的一句話仍深具道理：他擔心文字的發明讓人不想費心記憶。

當年，在愛爾蘭，我還是個小男孩的時候，學校要我們每個禮拜學一首新的詩。我總是挑短的詩，但我發現有些短詩極佳。我最喜歡的詩人葉慈（William Butler Yeats）也是愛爾蘭人。我發誓在我死前，要精讀他的每一首詩，就從〈茵尼斯弗利湖島〉（The Lake Isle of Innisfree）這首詩開始：

我即將動身，去茵尼斯弗利湖島，
用黏土和枝條，砌一間小小的房子；

種上九行豆畦，築個蜂巢，
在蜜蜂喧鬧的樹林深處孤獨度日。

我將在島上得到一點平靜，因幽靜緩緩垂落，
從清晨的面紗垂落到蟋蟀鳴唱之地，
深夜微光朦朧，正午紫光瑩瑩，
暮色時分，天空滿是紅雀的羽翼……

我發覺這首詩非常撫慰人心，能讓人平靜下來。其實，根據諾丁漢特倫特大學（Nottingham Trent University）的研究，每天讀一首詩，預防憂鬱症的效果和藥物一樣好。如果你還能每天仔細研究，效果當然更好。所以試試看吧。

日後，他們把我放入墳墓時，如果你仔細聆聽，或許會聽到我說：

……我將在島上得到一點平靜，因幽靜緩緩垂落，
從清晨的面紗垂落到蟋蟀鳴唱之地，
深夜微光朦朧，正午紫光瑩瑩，
暮色時分，天空滿是紅雀的羽翼。

此刻，我將動身前去，因暮暮朝朝，
我聽見湖水拍打岸邊，像在輕唱，
我佇立於大道，或走在灰撲撲的人行道，
總是聽到我心深處的迴盪。

如果那是天堂，我會很開心。

因此，我推薦你讀《每日一詩》（*Poem for the Day*）。這本書很有趣，是由尼古拉斯・艾伯里（Nicholas Albery）編輯，溫蒂・寇普（Wendy Cope）作序，

收錄三百六十六首詩作，讓你每天讀一首，讀上一年，而詩人形形色色，從莎士比亞到吉卜林（Rudyard Kipling），從瑪雅・安傑若（Maya Angelou）到卡洛・安・杜菲（Carol Ann Duffy）。如果你無法每天分析、研究一首詩，至少可以慢慢、大聲的朗讀一首，並仔細思索。詩能帶你進入「內心深處」。確實，讀詩帶給我極大的滿足，並把憂鬱趕出門外。

第五十三章

擁抱殘缺

有個客人最近登門拜訪時送我一本精美的書，那本書很厚，看起來非常特別。書名是：《金繼：詩意的修補》（*Kintsugi: The Poetic Mend*）。我完全不知道那是什麼。

一翻開書，我看到一張張美麗的日本陶瓷照片：碗、盤和花瓶。我繼續翻閱，注意到這些器皿都曾破裂，後來修補好了。只是這種修復不是讓物品變得「完好如初」，而是讓這些物品變得和以前不一樣。

這些物品是以日本的金繼工藝修復完成的。

金繼工藝用的黏著劑是漆和金粉（有時是用銀粉或鉑金粉）混合而成。黏著、乾燥之後，修復後的器皿，例如一個碗，會比原來的碗更堅固，斷裂、修補的地方有明顯的金色線條，就像金色的疤痕。

修好的碗和舊碗不一樣，會展現出獨特之美，通常比原來的更美。當然，書裡的那些器皿，上面有縱橫交錯的金色線條，看起來很美。

日本人說，我們可以從中得到啟示。我們難免會被人生中的一些事「擊垮」，但傷痕修補好之後，我們就能變得更堅韌、更有魅力，因為這些經歷已經是我們生命歷程的一部分。

亡妻很喜歡拍攝老人的臉，尤其是老婦人的臉。她說：「她們太美了，訴說著無盡的故事。她們的臉就像一張壁毯，歲月的故事在臉龐上徐徐展開。」

嗯，我覺得有點誇張，因此一天早上刮鬍子前，我凝視自己的臉，突然這麼想：「天啊，男人真是可憐的東西，特別是鏡子裡的那個男人。我，一個糟老頭，滿臉皺紋，乾癟枯槁。」

我第一次真正明白什麼是愁眉苦臉。我的額頭就像犁過的田地，上面有一條條平行的線條：這證明我閱讀過無數本書，也寫了許多本書籍，這就是我這輩子做的事。

可惜不能用金子來標記這些皺紋。如果能夠這麼做，即使不美，至少也會很有趣。

但這就是我的臉：眉頭緊皺，一顆頭光禿禿的，只有兩耳上方還有幾撮白髮。我這一身臭皮囊也在迅速衰退。不久，我就會像莎士比亞筆下的老人：「齒牙掉落，視力模糊，食不知味，一無所有。」

幸好鏡子沒映照出我那衰弱無力的腿和手臂，只顯現這張老臉。

我再次端詳這張臉，是的，淚水在我的眼眶裡打轉。老婆已作古多年，卻依然在我生命中留下難以彌補的空缺。她仍在我心裡，日日夜夜都在，天知道我有多想她。我的淚眼足以為證。

我因為長時間盯著電腦螢幕，視力衰退不少。畢竟，這是我工作的一部分。

所以，是的，歲月修補了我的臉，這是用金繼工藝修復過的臉，滿是歷史的痕跡。

我常說，智慧是在寧靜之中領悟的經驗。最近，我有很多寧靜時光，幾年前我中風了，因此不能再到處走跳。

我喜歡回顧我這漫長的一生，回味其中的起伏，以及我從中學到的東西。我大膽的稱之為我的智慧。我希望能正確詮釋我的人生經驗，希望有朝一日這些經驗對他人有所幫助。

因此，的確，我的臉是一幅織錦畫，呈現我的一生。你的臉也是一樣，有其獨特之處，有趣而美麗。要是你也能找人幫你拍張好照片就好了，就像我老婆以前幫我拍的照片。

海明威說：「世界會打擊每一個人，但之後，許多人會在傷處變得更堅強。」這正是金繼工藝的哲學：如果你跌倒了，站起來，你會因此變得更堅強，經驗使你更成熟。你的臉上或許會有疤痕或瘀傷，但正是這些傷痕，讓你的人生更動人。

如果你才十三歲，長相俊美，那麼恐怕我得說，雖然你的臉完美無瑕，卻缺少歷史和個性的深度。

等你老了，飽經風霜，你這個人就有趣多了，尤其是如果你能在寧靜之中反思你的人生。我甚至會說，老年的可貴之處如同金繼工藝，讓我們回顧過往的傷痕，將之轉化為人生的智慧。

從某個角度來看，有趣就是美。現在，我每天早上照鏡子的時候不再畏縮。我只是對自己說：「嘿，老傢伙，你這一路走來真是不容易，不是嗎？能活到現在，算你福大命大。」

第五十四章

你的墓碑會刻上什麼文字？

我曾經參加一場新書簽名會。作者是位知名記者，但是我跟他不熟。他看我走近，隨即把筆放下，對我（及周遭的人）說：「啊，查爾斯，我見過最聰明的人。」

「謝謝，」我說。「你可以把這句話寫在書上嗎？」

「當然可以，」他答道。

「嗯，」我想，「這真是很棒的讚美。」但是我們走到隔壁的房間享用茶點和餅乾時，一位女士對我的老婆麗茲說：「麗茲，你是我見過最好的人了。你怎麼能這麼好？」

我突然忍不住有點嫉妒。

後來，我們上車之後，我說：「我想跟你交換，聰明給你，讓我當最好的人吧。」

「嗯，」她答道，「你最好從現在開始好好努力，因為你還差得遠呢。」

我想這就是婚姻的砥礪。

但我後來想到：「我希望別人怎麼形容我在人生各方面的表現呢？」

例如，身為祖父，我知道我的孫子女會希望我是個親切又有趣的人。但「親切、有趣」在我經營的組織裡可行不通。作為管理者和領導人，我希望別人眼中的我誠實、公平、可靠……是的，當然，還有聰明。

但為人丈夫，嗯，我承認我的外表不吸引人，所以我會努力彌補，希望自己是個有趣的人，而且我要再次強調，我希望自己是個可靠又值得信賴的人。

我的朋友多半也認為我是這樣的人：有趣、可靠、值得信賴。而對陌生人來說，我則是個友好、熱情的人。

我回顧自己一生所有的角色，發現有兩點特別突出：第一，我需要努力變得更和善或友好；第二，別人希望我可靠、值得信賴。我有多聰明並不重要。如果他們不能依靠我、信任我，對他們而言，我的聰明才智根本毫無價值。

因此，這個自我學習的練習很有用。大多數人都應該試試看。你希望人們用什麼形容詞來形容你？你的墓碑會刻上什麼字？**聰明、誠實、可靠、善良？**

隨著我逐漸走向人生盡頭，我常沉溺於分析自己，發現自己在很多方面都有不足。問題是：我該怎麼補救？好吧，有一、兩個方面也許還能「急救」一下，但其他方面恐怕為時已晚。回想起來，我覺得我在某些方面蹉跎了一些歲月。

然而，我希望我的孩子和孫子女能從我身上學到一些東西。善良、可靠、誠實和公平，這些經常被忽略的美德才是人們最終會記住你的原因，而不是你贏得哪些獎項、賺到多少錢，或是得過什麼榮譽。

何不試試看這個練習？趁你還活著，還有時間彌補你那些小小的缺點。

第五十五章

斯多葛學派與基督徒

目前，我心目中的英雄是愛比克泰德（Epictetus）。他是古代倫理學斯多葛學派的偉大哲學家。斯多葛學派認為，世界建立在所謂的自然秩序之上。只要看看大自然：冬去春來，夏隨其後，繼而秋至，然後萬物在冬季枯萎。因此，你從火車窗口望去，看到一片碧綠的田野，這片土地將在八月轉為金黃，美不勝收，隨後農家收割，小麥收成，製成麵粉，然後做出我們的麵包……這就是自然秩序的一部分。

在希臘文，代表自然秩序的那個字是「邏各斯」，通常翻譯為「文字」或「話語」，但其實指的是意義更深遠、更重大的東西：且讓我們稱之為「萬事萬物的自然秩序」吧。其實，也有人稱之為神。因此，有人會說，如果你想看看神，就看看大自然吧。如果你想審視自我，也可以看看大自然。每一個人都是自然秩序的一部分。

所以，人就像麥田，世間生命終有盡時，但你仍在，你將化為記憶和星塵。就像小麥，尚待收割、加工。我等著偉大的收割者把我收割，等我的話語變成記憶，才算完成。

奇怪的是，很多斯多葛學派的人在某種意義上可以說是基督徒，因為他們認為自然秩序就是神的體現。如果觀察大自然，你就能看到神。這真是令人驚嘆。看看白樺樹。這樹美極了，即使你是出色的畫家，也無法捕捉到那無與倫比的細節。每一片葉子都不同，但從某個層面來看，所有的葉子都一樣，如同人類。

時候到了，白樺樹的葉子會轉為黃褐，最後掉落，落在下面的小徑。有人會掃起這些枯葉，堆在一起燒掉，就像我一樣。然而，這時我和其他人一樣，同屬於人類，但我希望我是獨一無二的。我是查爾斯・韓第，不是約翰・史密斯。

這個想法帶給我莫大的安慰。我相信很多基督教作家也屬於斯多葛學派，或者是愛比克泰德的追隨者。這點很有趣。以福音書的作者聖約翰為例，他在新約中開宗明義寫下的第一句話，可以這麼翻譯：「太初有道，道與神同在，道就是神……萬物是藉著祂造的；凡被造的，沒有一樣不是藉著祂造的。」這裡的「道」是直接從「邏各斯」翻譯來的，然而如果你把這個希臘文重新翻譯為「自然秩序」，譯文就會變成：「太初有自然秩序，自然秩序與神同在，自然秩序就是神，沒有任何事物不在自然秩序和神之中。」

我認為這很有道理。所以，如果我在樹林裡散步，就像與神同行，這種感覺很棒。每一片葉子各自完美、獨一無二，但在根本上又是相同的——這令我感到無比欣慰。

因此，今天請好好思索：你是獨一無二的，但必須順從自然秩序。是的，很抱歉，你也會死去，但你將會在那些認識你、愛你的人心中，化為他們記憶的一部分，永存不朽。那就是你的來生，你的新生命，你作為一個獨立生命體最後的歸宿。那就是你存在的意義，你正是自然秩序的一部分。

第五十六章

為無可避免之事做好準備

我相信，我們常常能在意想不到的地方發現智慧。我的女傭有一句口頭禪：「沒關係。」（抱歉，她比較喜歡我們叫她管家。）所以，我不慎打翻一杯紅酒，桌面一片狼藉時，她會趕緊過來清理，同時用悅耳的聲音說道：「沒關係。」如果我理解無誤，她的意思是，這只是芝麻蒜皮的小事，微不足道，很快就會被遺忘、放下。所以，打起精神，繼續前進吧。

聽到「沒關係」我就放心了，不再糾結，儘管有時會有點困惑。例如，我告訴她我們要搬到溫莎城堡，我將在那裡為菲利普親王工作，她也說：「沒關係。」後來，在那個陌生的環境下，種種繁文縟節教我煩惱，我不斷對自己說，沒關係，然後就覺得舒服多了，因為那些事一點也不重要，在宏大的宇宙裡，萬物有序，日子照常流轉。

然而，有一次，她這慣常的回應卻讓我吃了一驚。一天早上，我醒來的時候，覺得很虛弱，相信自己快要心臟病發作。以前醫師就曾經警告我，可能會發生這種情況。那天，她精神奕奕的問我：「您今早怎麼樣？」我說：「我想，我就要死了。」她卻說：「沒關係！」

一開始我非常生氣。我剛說出我這一生最重要的一句話，宣布自己死期將近，她似乎認為我在隨口胡謅，不當一回事，才會說「沒關係」。後來，我仔細尋思，心想：「嗯，也許她是對的，生老病死確實是宇宙秩序的一部分，就像我在五十年前種的那棵胡桃樹，原本生長茂盛，果實掉落滿地，現在已漸漸枯萎，跟我一樣，不久就會消失，被另一棵樹取代，甚至新長出來的樹可能不是胡桃樹了。不管怎麼說，這棵樹曾屹立在我們的院子裡，迎接客人。」

我的意思是，除非首相突然發神經，否則我過世的日子不可能成為國定假日。只有我的孩子和一、兩個朋友會注意到這一天吧。報紙上會出現一則訃告，但日子照過。

起初，我覺得這個念頭令人沮喪，一切如常，只是我已不在。但現在，我已抱持斯多葛主義，因此認為事情本該如此。人生的重大事件都是由宇宙秩序所決定，如何因應，就看我們自己，這取決於我們的性格，而且會反過來塑造我們的內在。

那麼，我該如何應對人生的這個新事件呢？嗯，就像哈姆雷特一樣，我認為關鍵在於是否做好準備，正如哈姆雷特在思索死亡時說的：「即使不是現在，終將到來。做好準備才是最重要的。」

我想我已經準備好了。我已盡力。我希望我做的善事多於惡事。我這一生苦雖有之，樂卻更多。我已經和所有摯愛之人一一話別，最愛的風景也看了最後一眼，還品嘗到我最愛的美酒。我回到我的床上，等待。

如果這聽起來有點令人沮喪，請容許我這麼說，在我以為自己心臟病發、即將不久於人世時，我回首此生，告別我的摯愛與我最喜歡的東西，其實頗為怡然自得。不知為何，一旦你接受不可避免的事情，就會變得容易得多。首先，死亡意味著擺脫所有的責任，我不必擔心任何事情，就算帳戶透支也沒關係。那是別人的事了。我會躺在地底下一個箱子裡，就在我現在住的諾福克鄉下附近，長眠於我深愛之地。

萬物終將消逝：胡桃樹如此，好事壞事也是，我的妻子和他人也一樣，不可能永遠都在。我留給世界的只有在某處公告的一則訃告，以及幾張照片和一些回憶。至少胡桃樹上還有核果。我想，我大概只會留下零星的思緒和一些感想。

再見了，善用你剩下的時間，珍惜這段特別的日子，這段生命休止前最寶貴的時光。

致謝

感謝以各種方式貢獻真知灼見與實際經驗給我的每一個人，為我的漫談增添深度。

我的孩子凱特和史考特負責安排我的生活，讓我擁有思考空間。謝謝《閒人雜誌》的湯姆‧霍金森（Tom Hodgkinson）、多年來與我合作出版的夥伴奈吉爾‧威爾卡特森（Nigel Wilcockson）、蕾貝卡（Rebecca）、霍普（Hope）及凱思琳（Cathrine）（把我口述的雜談忠實的轉換成文字的得力助手）、悉心照顧我的馬克（Mark）與瑪姬（Margi），以及我的知己瑪西亞（Marcia）。

關於本書

查爾斯・韓第在二〇一九年中風，雖然恢復得不錯，但肢體卻無可避免的遭受影響，不再靈活。因此，他無法像從前那樣打字，完成文章，而是以口述的方式請人記錄成文字、朗讀給他聽，他再評論。熟悉韓第過去著作的讀者可能會發現，這些短文尚有修潤空間，但正因如此，這些文章忠實呈現韓第思想的原貌。他的一些想法依然充滿新意、引人入勝，因為直到人生最後一刻，他仍然思緒敏捷，求知若渴，本書就是這顆心靈的結晶。

財經企管 BCB886

九十自述
The View from Ninety

作者 — 查爾斯・韓第　Charles Handy
譯者 — 廖月娟

副社長兼總編輯 — 吳佩穎
財經館總監 — 蘇鵬元
責任編輯 — 黃雅蘭
封面設計 — 張議文

出版者 — 遠見天下文化出版股份有限公司
創辦人 — 高希均、王力行
遠見・天下文化 事業群榮譽董事長 — 高希均
遠見・天下文化 事業群董事長 — 王力行
天下文化社長 — 王力行
國際事務開發部兼版權中心總監 — 潘欣
法律顧問 — 理律法律事務所陳長文律師
著作權顧問 — 魏啟翔律師
社址 — 台北市104松江路93巷1號
讀者服務專線 — 02-2662-0012 ｜傳真 02-2662-0007；02-2662-0009
電子郵件信箱 — cwpc@cwgv.com.tw
直接郵撥帳號 — 1326703-6號 遠見天下文化出版股份有限公司

電腦排版 — 陳玉齡
製 版 廠 — 東豪印刷事業有限公司
印 刷 廠 — 家佑實業股份有限公司
裝 訂 廠 — 精益裝訂股份有限公司
登 記 證 — 局版台業字第2517號
總 經 銷 — 大和書報圖書股份有限公司 電話／02-8990-2588
出版日期 — 2025年7月31日第一版第1次印行
2025年10月16日第一版第2次印行

定 價 — 420元
ISBN — 9786264174671
EISBN — 9786264174633（EPUB）；9786264174640（PDF）
書 號 — BCB886
天下文化官網 — bookzone.cwgv.com.tw

國家圖書館出版品預行編目（CIP）資料

九十自述：管理大師韓第活出長壽與知足的生命感悟 / 查爾斯．韓第（Charles Handy）作；廖月娟譯. -- 第一版. -- 臺北市：遠見天下文化出版股份有限公司, 2025.07

256面；14.8×21公分. --（財經企管；BCB886）

譯自：The view from ninety

ISBN 978-626-417-467-1（平裝）

1.CST: 韓第（Handy, Charles B., 1932-2024） 2.CST: 自傳 3.CST: 人生哲學

784.18　　114008684

天下文化
BELIEVE IN READING